XIAOZHANG
RUHE GUIHUA
XUEXIAO
FAZHAN

中小学校校长培训用书

楚江亭　苏君阳　毛亚庆◎主编

楚江亭◎

U0573707

校长如何规划
学校发展

北京师范大学出版集团
BEIJING NORMAL UNIVERSITY PUBLISHING GROUP
北京师范大学出版社

图书在版编目(CIP)数据

校长如何规划学校发展/楚江亭编著.—北京：北京师范大学出版社，2016.1(2023.11重印)

中小学校校长培训用书/楚江亭，苏君阳，毛亚庆主编

ISBN 978-7-303-19240-3

Ⅰ.①校… Ⅱ.①楚… Ⅲ.①中小学－校长－学校管理－师资培训－教材 Ⅳ.①G637.1

中国版本图书馆 CIP 数据核字(2015)第 172835 号

图 书 意 见 反 馈	gaozhifk@bnupg.com	010-58805079
营 销 中 心 电 话	010-58802135	58802786
北师大出版社教师教育分社	微信公众号	京师教师教育

出版发行：北京师范大学出版社 www.bnup.com

北京市西城区新街口外大街 12－3 号

邮政编码：100088

印　　刷：天津中印联印务有限公司

经　　销：全国新华书店

开　　本：730 mm×980 mm　1/16

印　　张：17

字　　数：200 千字

版　　次：2016 年 1 月第 1 版

印　　次：2023 年 11 月第 7 次印刷

定　　价：55.00 元

策划编辑：倪　花　　　　　责任编辑：鲍红玉
美术编辑：陈　涛　焦　丽　　装帧设计：陈　涛　焦　丽
责任校对：陈　民　　　　　　责任印制：马　洁

总　序

　　一个好校长，可以成就一所好学校；一批教育家，可以影响国家和民族的未来。为此，《国家中长期教育改革和发展规划纲要（2010—2020 年）》提出"要造就一批杰出的教育家"，并大力倡导"教育家办学""创建特色学校"等。要让校长成为教育家，让教育家来管理学校、培养祖国的下一代，使学校成为优质、特色学校，是中国社会发展对学校教育的诉求，也是广大人民群众的呼声。

　　为促进义务教育学校校长专业发展、建设高素质的校长队伍，深入推进义务教育均衡发展，根据《中华人民共和国教育法》和《中华人民共和国义务教育法》的规定及相关原则，2012 年 12 月，国家教育部出台了《义务教育学校校长专业标准（试行）》（以下简称《标准》）。该《标准》是对义务教育学校合格校长专业素质的基本要求，是制定义务教育学校校长任职资格标准、培训课程标准、考核评价标准等的重要依据。其基本理念主要包括以下五个方面。

　　第一，以德为先。该《标准》坚持社会主义办学方向，贯彻党和国家的教育方针政策，将社会主义核心价值体系融入学校教育全过程，依法履行法律赋予的权利和义务；热爱教育事业和学校管理工作，具有服务国家、服务人民的社会责任感和使命感；履行职业道德规范，立德树人、为人师表、公正廉洁、关爱师生、尊重师生人格。

第二，育人为本。把促进每个学生健康成长作为学校一切工作的出发点和落脚点，扶持困难群体，推动平等接受教育；遵循教育规律，注重教育内涵发展，始终把全面提高义务教育质量放在重要位置，使每个学生都能接受有质量的义务教育；树立正确的人才观和科学的质量观，全面实施素质教育，为每个学生提供适合的教育，促进学生生动活泼地发展。

第三，引领发展。校长作为学校改革发展的带头人，担负着引领学校和教师发展、促进学生全面发展与个性发展的重任；将发展作为学校工作的第一要务，秉承先进教育理念和管理理念，建立健全学校各项规章制度，完善学校目标管理和绩效管理机制，实施科学、民主管理，推动学校可持续发展。

第四，能力为重。将教育管理理论与学校管理实践相结合，突出学校管理的实践能力和创新能力，不断提高与完善规划学校发展、营造育人文化、领导课程教学、引领教师成长、优化内部管理和调适外部环境等方面的能力；坚持实践、反思、再实践、再反思，强化专业能力提升。

第五，终身学习。牢固树立终身学习的观念，将学习作为改进工作的不竭动力；优化知识结构，提高自身科学文化素养；与时俱进，及时把握国内外教育改革与发展的趋势；注重学习型组织建设，使学校成为师生共同学习的家园。

　　该《标准》的基本内容分为六大领域，即：规划学校发展、营造育人文化、领导课程教学、引领教师成长、优化内部管理、调适外部环境。每一领域又提出了相应的专业要求，包括：专业理解与认识、专业知识与方法、专业能力与行为三个具体方面。比如在"优化内部管理"方面，其"专业理解与认识"的内容主要有："坚持依法治校，自觉接受师生员工和社会的监督。崇尚以德立校，处事公正、严格律己、廉洁奉献。倡导民主管理和科学管理，坚持教书育人、管理育人、服务育人。""专业知识与方法"的内容主要有："把握国家相关政策对校长的职责定位和工作要求。掌握学校管理的基本理论与方法，了解国内外学校管理的变化趋势。熟悉学校人事财务、资产后勤、校园网络、安全保卫与卫生健康等管理实务。""专业能力与行为"的内容主要有："形成学校领导班子的凝聚力，发挥党组织的政治核心作用，充分听取党组织对学校重大决策的意见。尊重和支持教职工代表大会参与学校管理的民主权利，定期向教职工代表大会报告工作，实行校务会议等管理制度。建立健全学校人事、财务、资产管理等规章制度，提高学校管理规范化水平，不得违反国家规定收取费用，不得以向学生推销或者变相推销商品、服务等方式谋取利益。努力打造平安校园，建立和完善学校各种应急管理机制，定期实施安全演练，正确应对和妥善处置学校突发事件。"

　　在实施要求方面，该《标准》指出：第一，本《标准》适用于国家和社会力量举办的全日制义务教育学校的正、副校长。各地可据此制订符合本地区实际情况的实施意见，并在执行过程中逐步完善。第二，各地应将该《标准》作为义务教育学校校长队伍建设和校长管理的重要依据，发挥其引领和导向作用，制订校长队伍建设规划、严格任职资格标准、完善校长选拔任用制度、推行校长职级制、建立校长培养培训质量保障体系、形成科学有效的校长队伍建设与管理机制，为实现义务教育均衡发展提供制度保障。第三，有关培训机构要将该《标准》作为校长培养培训的主要依据，重视校长的职业特点，加强相关学科和专业建设。根据校长发展阶段的不同需求，完善培养培训方案、科学设置培养培训课程、改革教育教学方式。注重校长职业理想与职业道德教育，增强校长教书育人、管理育人的责任感和使命感。第四，义务教育学校校长要将该《标准》作为自身专业发展的基本准则。制订自我专业发展规划、爱岗敬业、增强专业发展自觉性；大胆开展学校管理实践，不断创新；积极进行自我评价，主动参加校长培训和自主研修，不断提升专业发展水平，努力成为教育教学和学校管理专家。

为更好地帮助校长在多、杂、碎、烦的学校管理工作中扮演好学校管理者的角色，结合几年来我们参与联合国儿童基金会、国家教育部和有关省市基础教育发展项目的经验，特别是与不同类型学校的校长深度接触、感受其角色、分析其工作、深知校长工作的意义与价值的基础上，我们组织本领域的资深专家、学者共同编写了这套丛书。本套丛书共分六册，分别是《校长如何规划学校发展》《校长如何营造育人文化》《校长如何提升课程领导力》《校长如何引领教师成长》《校长如何优化内部管理》《校长如何调适外部环境》。

在该丛书的编写原则、基本要求上，我们注重：第一，切合中小学校长的阅读口味，让校长喜欢看，具有可读性；第二，以通俗易懂的方式呈现相关理论、模式、策略等，避免理论性过强；第三，注重选择经典案例进行分析；第四，清楚阐明某项事情的具体做法、技术要求等；第五，解决校长的现实困惑，提出明确的注意事项。

该丛书在编写思路上强调：第一，从各种相关资料（文献、校长微博或 QQ 等）中呈现校长遇到的某一领域的问题，发现其价值或意义；第二，清楚呈现该领域的核心概念、历史演变、相关理论等；第三，如何有效开展该领域的工作？解读中外经典理论、阐释重要理念，并结合中国实际，说明实施步骤、评价方法等；第四，介绍涉及的技术、模式、策略、方法等，会增加经典案例分析说明；第五，展现不同群体的评价与反思；第六，有关结论及对校长做好该领域工作的意见或建议。

真诚祝愿每位校长都能从该丛书中受益，祝大家成为中国的优秀校长。

楚江亭

于北京师范大学英东教育楼

2015 年 2 月 25 日

目　　录

第一章　遭遇：学校发展规划

> "缺乏计划或一个不好的计划是领导人员没有能力的标志。"
>
> ——亨利·法约尔

要实现高质量的学校教育，中小学除了要有一支高标准、高素质的教师队伍和良好的办学条件外，还须拥有科学、规范，兼具前瞻性与现实性，既能调动师生员工积极性、又具可操作性的学校发展规划，以此引领学校发展，塑造学校的未来。因此，深入探讨学校发展规划问题具有十分重要的现实意义。

第一节　管理者遭遇：学校发展困境

一、管理者的现实处境

由于我国教育管理体制、学校类型、校长个人等多方面的原因，长期以来一些中小学校长处于繁忙、茫然、盲目（简称：忙、茫、盲）的工作状态之中，并导致做事杂乱宽泛、心情烦燥、发展平凡（简称：

泛、烦、凡)的工作结果。这种现象已成为当前我国中小学校长工作的现实写照。

（一）繁忙的管理者

忙碌的校长是我国中小学校园里一道亮丽的风景线。有学者通过对全国 37 位中小学校长的"时间透视研究"后，发现两种典型的现象。第一，小学校长每学年在校内的时间占总工作时间的二分之一左右；高中校长在校内的时间大约占总工作时间的三分之一；初中校长介于上述两者之间。即使在这些有限的时间内，校长们也主要忙于处理或应付各种类型的上级检查、整理材料及各种学校杂务。第二，校长在校外的时间，几乎全被各种会议、培训、学习等占用。

由于学校的自主管理权没有得到真正的落实，教育行政机构安排大量的行政任务常常又要求"一把手"负责，落实所谓"一把手工程"，致使校长们疲于应付各种会议、汇报及检查，很难有时间静下心来思考学校的教育教学，研究学校的长远发展。据不完全统计，目前我国有些地方中小学校除面临教育系统涉及行为规范、行风建设、现代化学校创建等方面的评估与检查外，还要承担涉及地震、各类疾病防治、人口普查等诸多任务，耗费了学校大量的人力、物力，甚至直接影响了教育教学活动的正常进行。这不仅造成校长工作内容繁多、沉重，而且也造成校长没有时间和精力真正从事学校的主业——教育教学、文化建设，甚至抓教育教学、学校文化建设都成了一些校长的"业余爱好"。

案例分享

繁忙的一天

宁波市的一位小学校长说："我干校长都七年了，我也是十分敬业的，上级安排的校本教研、校本课程开发、校本师资培训，我们都做了，学校应该做的事情我们都做得也不错，可为什么我们学校却没有什么大的发展或改变呢？"

为弄清楚其中的原因，本文作者对其进行了一天的"时间透视研究"，即通过跟踪观察其一天的活动，记录其处理各项事务的时间，分析其工作重心、工作效率及工作状态。

那一天，她早上 7：05 到校，先是巡查校园，然后看上课情况。期间，电话很多，内容涉及学生班级安排、学校资金、教师职称、卫生检查、消防安全、学校稳定，等等。我们记录下她处理各种事情所用的时间，并进行了录音，包括开会、打电话、安排工作、吃饭、如厕等。

我们发现，她在学校的时间，基本上都在忙于处理各种杂务，如找人修理教学楼的下水管道、处理学生家长的抱怨、安排教师到区里参加会议、接待卫生检查、水电安全检查等。因此，她一会儿打电话，一会儿找人谈事情，还要惦记着给区里交汇报材料，确实正如她自己所言"两眼一睁，忙到熄灯；忙的什么，很难说清"。

一个人的精力是有限的，校长作为学校的总舵手、经营者，应该更关注学校的长远发展及核心竞争力问题，即发展战略问题，不应该总是陷入细枝末节和具体的事务之中，否则校长就没有时间和精力去考虑学校的教育教学、未来发展，也不利于学生培养和教师的专业成长。

 **相关阅读**

事必躬亲的诸葛亮①

在人们的眼里，三国时蜀国的宰相诸葛亮是智慧的化身，并且非常勤政。他自己都说："鞠躬尽瘁，死而后已。"但是他也有一个缺点，就是事必躬亲，相信自己，不相信别人，比如对李严。

李严在刘备眼里，其才能仅次于诸葛亮，临终时说："严与诸葛亮并受遗诏辅少主，以严为中督护，统内外军事，留镇永安。"刘备目的很明确，让诸葛亮在成都辅助刘禅主政务，让李严屯永安据关并主军务。诸葛亮秉政后，本应充分发挥李严等人的作用，然而他仍是事无巨细，惹得李严不高兴，二人矛盾日益加深。后来，诸葛亮以第五次北伐为借口削了李严的兵权，调到汉中做后勤工作，再后来又由搬运事件，废了李严，亲自担任运粮官，结果累死于五丈原。

管理就是通过他人并使他人同自己一起实现组织目标的过程。毋庸置疑，高层管理者对组织负有全责，但应侧重于组织的大政方针，沟通组织与外界的交往联系等，如果一个高层管理者把大多数时间和精力都用于处理具体事务，把所有权力都集中到自己手上，怎能不繁忙、不劳累、不心烦！

---

① 授权管理无为而治：李世民的成功管理学 [EB/OL]，http：//www.sznews. com/culture/content/2011－03/18/content _ 5441373 _ 3. htm，2011-03-18[2014-06-27].

(二)迷茫的管理者

由于工作关系，本文作者经常同中小学校长在一起谈论学校管理、教师专业成长、学生培养等问题。我们发现，不少中小学校长时常感到很迷茫，不仅对学校发展很迷茫，对自己工作很迷茫，乃至对自己的人生都很迷茫！

 **案例分享**

迷茫的生活

周六早上醒来，赖在床上不想起来。静静地趴着，看着时间从眼前溜走。

我实在是不想起来，因为我不知道起来后还想干点儿什么，我也找不出别的有点儿意义的事干，心里很"烦"，也很"累"。爱人带孩子回娘家了，空余的时间不知该怎么打发，学校的事我不想提它，既烦心、啰唆，又无奈、麻烦。

我就像处于一个岔路口，面前有多条路，茫然得不知道选择哪条为好。如今我的学校，正处于十字路口，年轻却迷茫，面前的云雾太浓了，看不到远方，迷失了方向。糊里糊涂地存在着。

当校长前的壮志以及刚当校长时的雄心与抱负，早就抛到九霄云外去了。大家都凑合着过日子，一日复一日。

眼看着自己的青春从身边慢慢的消逝，而我却无动于衷。

我真的好迷茫！我的学校也很茫然，该往何处去啊！

一般来说，高层管理者的职责是"定战略、搭班子、带队伍"。作为学校的高层管理者，校长的主要职责在于制订、实施学校的发展战略，侧重于学校的大政方针，沟通学校与外界的交往联系等。其决策是否正确、职权的运用是否得当，直接关系到学校的发展大局。但目前有些校长却忽视了自己应该履行的职责，他们常常被各种具体事务包围，被各种"小事"缠身，没有时间和精力来思考学校的长远发展。缺少发展目标、没有共同愿景，校长的迷茫是不可避免的。

（三）盲目的管理者

在中小学管理中，盲目的学校管理者也不少。一些校长通过外部的培训，将好的经验带入学校中来，并进行实施，这本无可厚非，但由于缺乏持久性，今天学杜郎口，明天学洋思。人家有学案，自己也编个本子搞学案；人家把学生的话当名言挂在墙上，自己也搜罗几句署上学生的名字挂在墙上；人家用什么方法上课，自己也推行这样的模式……没有自己的思路，不结合自身的实际，学来学去，学来的都是外在的皮毛；生搬硬套，强加上的也会水土不服。在不断的"跟风"中迷失了自己的方向，丢掉了自己原有的优势和特色，最后成为不伦不类的"四不像"，① 其结果是哪一种精髓也没有吃透，哪一种策略也没有学会。另外，每一种教学管理都有其特定的实施条件，不能只会拿来，还需要考虑学校发展的实际，根据师生的特点、组织构架、管理传统，以及学校环境等因素综合考虑，否则只能适得其反，使得老师们始终处于应付状态，其结果可想而知。

---

① 做个有文化的校长，见 http：//www.hbjybks.cn/Item.aspx？ItemId＝622，2014-07-20．

时事链接

实务校长，别被"漂亮蝴蝶"迷了眼①

前年，某县一中的校长到京津地区考察了七天，回校后宣布学习京津地区的教育经验，出台了教师考勤管理规定，一天内不定时点名三次，每缺岗一次，罚款10元。去年，该校长到苏杭一带考察了十天，归来后宣布学习南方教育经验，把教师工资的一部分扣下，学期结束再按照教学成绩重新分配。今年，校长去东北考察了两周，归来后宣布学习东北教育经验，由学生给任课教师打分，分数不足80分者要待岗，再低者要下岗。最近，这位校长又要赴"新马泰"考察，教师们人心惶惶，不知道他考察归来后，又要进行什么样的改革。

试想，教师们在这样一种穷于应付的状态下，其工作效果又会怎样？近几年，随着基础教育改革的日益深化，全国各地一些新的教改经验不断涌现，诸如"衡水现象""洋思经验""杜郎口旋风"等。只要哪个地方创造出一个新经验，学习者就会蜂拥而至，回去就借鉴实施。可实践表明，这样做往往没有几个学校能够成功。

很久以前，太平洋上有一座美丽的无人小岛。有两个国家都想把这个小岛据为己有，但又不想诉诸战争。于是，两国的主要领导人商定，各派一支船队向小岛进发，谁先把自己国旗插在小岛的最高峰上，这座小岛就归谁。两国的船队同时出发了，甲国的士兵凭借船上稍高一筹的设备提前到达。刚到小岛的士兵被小岛的美丽惊呆了，一群群美丽的蝴蝶飞来飞去，带队的队长和士兵都被这些漂亮的蝴蝶迷

---

① 校长，别被"漂亮蝴蝶"迷了眼[N]. 中国教育报，2007年7月17日第七版.

住了，他们开始追逐，而忘记了来小岛的目的。过了一会儿，乙国的士兵也拖着疲惫的身躯登上了小岛，他们看到了甲国的船，但没有发现最高峰上插有甲国的国旗。于是队长鼓励士兵们坚持就是胜利，迅速把自己的国旗插在了小岛最显眼的位置。当甲国的队长带领士兵回来时，一切已经晚了。

为自己的团队设立一个比较合理的目标，对于一位有远见卓识的领导者来说并非一件难事。但是，要实现这个目标，作为团队的首领就应矢志不渝，不要被"漂亮的蝴蝶"迷了眼，随便偏离自己确定的目标。作为学校领导者，会面临许多困难、歧路或诱惑，譬如可能学校在你多年的苦心经营下，还没有显现什么骄人的成就；也可能你刚到这所学校，想马上让学校变个样来验证一下你的能力；抑或是觉得他人的管理经验比较先进，想学习借鉴一下……但你是否想到，你的目标朝令夕改，会让教师和学生无所适从，整个学校的人员都穷于应付、疲于奔波，会对你失去信任，又谈何实现学校的宏伟蓝图？

任何事物的成长，都是从量变到质变的过程，学校的发展也是如此。这就要求校长要有一颗坚定的心，面对自己确定的目标不能三心二意、人云亦云，看到别的学校在某一方面取得了成功，就掉转船头，这样不仅背离了自己确立的目标，也会令一切努力前功尽弃。因此，对于学校管理者来说，要时刻擦亮自己的眼睛，要有一种对目标矢志不渝、不达目标不罢休的精神，不断研究、探索、实践，这样才可能真正打造出品牌学校，才能使自己成为新时代的校长。

作为学校管理者，该怎样从事学校管理工作，让自己的人生活出价值，在获得尊重、自我实现的同时，明确学校发展定位，调动师生员工的积极性，充分利用各种资源，打造优质学校，为社会培养优秀人才呢？显然，确定发展规划，特别是师生员工通过广泛研讨、认同、愿意为之做出努力的发展规划，应该是校长工作的首要职责，而不是像平时我们常听到教师评价学校发展规划"规划规划，墙上一挂""规划规划，鬼鬼（显示）花花（花钱）""规划规划，墙上挂挂"或"规划规划，全是鬼话"等。有人说，"以前没有规划，学校照样发展""工作是干出来的，不是规划出来的"，这些话有一定道理，但怎样干是想出来的，规划的过程就是一个思考的过程，想得明白才能干得明白，想得好才有可能干得好。

二、生活中的启迪

规划或目标对于一个人的成长、组织的管理十分重要。前谷歌公司全球副总裁、中国区域总裁李开复曾在其著作《做最好的自己》一书中，就特别强调"规划""目标"的重要性。新东方副总裁徐小平，也经常写文章阐述"人生成功在规划""人生发展靠战略"的管理论断。国内教育界人士所共知的辽宁盘锦教育局局长魏书生，当过工人、教师，后做班主任、教研主任和校长，尽管工作繁忙，但他仍然在规划着自己、谋划着组织的未来……

拓展阅读1——著名青年文学评论家如是说

在当代中国的文学评论界，有一位颇有名气的青年评论家。他的文章深刻、犀利、细腻入微，既让人感到视野开阔、深厚、大气，又可体会出作者独特的视角、入木三分的分析。他不仅在国内文学界深受欢迎，而且经常被邀请到国外，如美国、英国、日本等地去做学术报告。他出版 10 多本专著，写作近百篇文章，其作品深受好评。他的很多文章适合现代人阅读，特别是用于反思自我、思考自己的人生发展、进行自我管理等。

出于敬佩与好奇，本人经常拜读他的作品，引用他的文字。有一次，我问他："你为什么会如此优秀?"他笑而不答。以后又问过多次，他仍然没有解释。再后来我们一起用餐。聊到现代人的发展问题，我诚恳地问："我真想知道你为什么做得这么好?"他说，这是个秘密。我突然想起一位内蒙古校长说："如果你想让别人告诉你什么，最好的方法就是让他喝酒!"于是，我开始劝酒。果真，几杯下肚，他拉着我的手说："你问什么，我都告诉你!"我就问："你的 IQ（智商）是多少?"他回答："120 左右。"我又问："你的 EQ（情商）多少?"他回答："115 左右。"我惊讶地发现他的智商、情商并不高，很一般。我又问："你早上几点起床? 晚上几点休息?"因为我的确想知道一个智商、情商都不是很高的人，到底是如何取得如此成就的? 他告诉我："我有发展规划，我做的所有事情都是围绕我的目标而做的。很多人不成功不是因为智商、情商或勤奋程度不够，关键是他们从不规划自己的人生，没有真正的目标。"

拓展阅读 2——日常生活的感受

大家都有站在高楼上俯视的经历。在楼顶上，你会看到下面的人，有开车的人、坐车的人、拉车的人、走路的人、骑车的人，有单个人、有一群人，等等。如果我们把这一场景放大到整个地球，可以想象，地球上有 60 亿人左右，也像上述情景一样，大家都在不停地忙碌、奔波、生活着。假如我们用很长一段时间，比如五百年来考察地球上人们的成长过程，就会发现：在某个时间段，这个地球上出生了一批人，他们忙于各种事物，学习、工作、休闲，以及吃、喝、拉、撒等，忙了一段时间之后，他们就会离开这个世界；再过一段时间，又有一批这样的人出生了，像上一批一样，几十年以后他们也消失了。在我们这个星球上，很多人都是如此生活着，他们缺乏理想，没有人生目标，更没有切实可行的人生规划，他们不是往前走，而是随波逐流。

然而，还有一些人，尽管他们也要吃、喝、拉、撒，也要忙于日常琐事，但因为他们有人生规划，有切实可行的奋斗目标，所以他们的努力没有白费，在其学习、工作或研究领域取得了成功，创造了佳绩。虽然他们最终也要老去、离去，但他们所做出的成就、人生历程、生活方式等，都将启示后人，成为后人追忆、效仿、反思自我、塑造成功人生的榜样或参照。这些人便是人生成功者、社会发展的栋梁！

拓展阅读3——毛毛虫实验①

法国科学家约翰·法伯曾做过一个著名的"毛毛虫实验"。这种毛毛虫有一种"跟随者"的习性，总是盲目地跟着前面的毛毛虫走。法伯把若干个毛毛虫放在一只花盆的边缘上，首尾相接，围成一圈；花盆周围不到六英寸的地方，撒了一些毛毛虫喜欢吃的松叶。毛毛虫开始一个跟一个，绕着花盆，一圈又一圈地走。一个小时过去了，一天过去了，毛毛虫们还在不停地、坚韧地团团转。一连走了七天七夜，终

---

① 成功学原理（精简读本）[EB/OL]，http://www.zhlzw.com/lz/lzcg/77608_4.html，2014-07-09.

因饥饿和筋疲力尽而死去。这其中，只要任何一只毛毛虫稍稍与众不同，便会过上更好的生活(吃到松叶)。

人又何尝不是如此。随大流，绕圈子，瞎忙空耗，终其一生。一幕幕"悲剧"，皆因缺乏自己的人生目标。古希腊学者彼得斯曾说："须有人生的目标，否则精力全属浪费。"另一位学者小塞涅卡也指出："有些人活着没有任何目标，他们在世间行走，就像河中的一棵小草，他们不是往前走，而是随波逐流。"

拓展阅读 4——美国教授的北京之旅

几年前，一位著名的美国教授来到北京师范大学讲学。为观看人多的盛况，一天傍晚，他专程来到北京西客站。由于正赶上春节前夕，西客站广场上的人群来来往往，有进站的、有出站的、有送站的、有购票的，真可谓人头攒动、人山人海、车水马龙。站在北京西客站连接南北两端的过街天桥上，看着来来往往、忙忙碌碌的车流、人群，他沉默良久。

之后，他神情严肃且深沉地感叹道："一群没有牧人的羊，他们要奔向何方？"深入探问，他解释到："他们都在忙什么？他们有人生规划吗？"

拓展阅读 5——哈佛大学的目标跟踪调查①

20 世纪 90 年代，哈佛大学的学者曾做过一个跟踪调查研究。他们在一群智力和年龄都相近的青年(30 岁左右)中，进行了一次关于

---

① 目标的威力——哈佛大学调查研究［EB/OL］，http：//liuxue.zjol.com.cn/05liuxue/system/2010/05/31/016651061.shtml. 2014-07-02.

人生目标的调查，结果发现：3％的人有十分清晰的长远目标；10％的人有清晰但比较短期的目标；60％的人只有一些模糊的目标；27％的人根本没有目标。

25年后，他们再次对这些人做了调查，结果令人吃惊！3％的人全部成了社会各界的精英、行业领袖；10％的人都是各专业领域的成功人士，生活在社会的中上层，事业有成；60％的人大部分生活在社会的中下层，胸无大志、事业平平；27％的人过得很不如意，工作不稳定、入不敷出，还常常抱怨社会、政府，怨天尤人。

从上述几个生活中的故事不难看出：目标对人生具有巨大的导向作用，有什么样的目标就会有什么样的人生。目标给人的行为设定明确的方向，让人充分了解自己行为的目的，知道什么是最重要的事。目标有助于合理安排时间，做到未雨绸缪。目标使人能清晰地评估每一个行为的进展，检讨行为的效率。目标使人能把重点从工作本身转移到工作成果上来。

三、不得不关注的重大问题

学校应该如何发展，管理者应具有怎样的理念、思路，采用什么有效的方式、技术进行学校管理呢？在当代，尽管管理理论、方法有很多，形成了包括科学管理、信息管理、绩效管理、全面质量管理、人力资源管理、知识管理等在内的管理理论丛林，但由于这些管理理论仅局限于某一方面，缺乏综合性及切实可行的操作模式、技术、方法等，很难在具体的学校工作中付诸实施。

(一)从企业战略管理到学校发展规划

20世纪50年代，由美国福特基金会和卡内基公司共同进行的一项商学院课程调查报告中，曾极力推荐一种被称为《商业政策》的大学课程。这种课程主要涉及企业怎样由外部商业政策向公司内部管理聚焦，并找到实现企业发展目标、促进企业效益提升的基本方法，因而该课程受到西方管理学者的高度重视。当这种课程被大学逐渐接受之后，人们发现：它过分注重商业组织中政策的应用，而忽视对外部环境的整体分析，因而带有明显的局限性、片面性。为了打破这种局限，在美国商业管理的学科群中又逐渐发展起一门"由组织内部的长处和弱点向外部环境机遇和挑战而聚焦"的新兴学科，并有大量相对成熟的模式、策略、技术等渗透其中，这门学科就是"战略管理"。由于战略管理综合了多种管理理论，包含多种管理理念，且发展出一系列具体可行的操作技术，能很好地适应当代组织管理的需求，尤其是在积极应对组织内外环境的改变方面，具有灵活性、适应性，从而真正促进了企业的发展。很快，其相关领域，如发展规划、发展战略等的影响力也日益彰显。

20世纪90年代以来，在国际政治、经济、科技发展的条件下，传统的、非系统的、非科学的学校管理经验及方法逐渐衰退，学校发展规划的研究和实施取得了发言权。由于发展规划在学校管理中是具有综合性、目的性、引领性的，且能够充分调动各方面的积极因素，特别是着重强调学校管理方式的改善，注重"内在发展""自下而上""广泛参与"等，因而获得了广泛认同，使师生员工能自觉围绕其所要达到的目标开展各项工作，由此，学校发展规划研究也逐步得以深化，其理念、理论、模型、技术、方法等，引起了国内外教育管理学界及学校管理实践界的高度重视。

相关阅读

一位学者眼睛中的校长角色①

校长日常究竟应抓什么？对这个问题的回答可能各不相同，因为各自所处环境和所遇的问题不同，给自己的角色定位也就不一样。

校长是教育基层组织的管理者。基层组织的工作特点是多、杂、碎，使得校长们有意无意地将自己的角色做了定位：学校工作的计划者、日常工作的负责人、资源分配者、思想沟通者、与校内外人员的谈判者、具体问题的解决者、信息的收集者等。为扮演好上述角色，校长们"日理万机"，且深感"分身无术"。尽管校长需要充当种种角色，但一名智慧的校长却必须从诸多需要扮演的角色中区分出什么是根本角色。

对校长根本角色的理解和定位，必须放在宏观社会环境和教育管理体制下加以思考。在计划经济和集权管理的体制下，政府对学校的管理是统一的、刚性的，它是学校资源的唯一供给者，校长的职责就是把学校维持好，其角色是上级命令的执行者。而在市场经济的社会环境中，政府对学校的管理体制转向集权与分权相结合，学校被赋予更大的办学自主权，校长角色也由单纯执行上级命令的"校内事务管理者"转变为"学校经营者"。"经营者"不同于单纯的"上级命令执行者"之处就在于他在不违背国家政策和上级要求的前提下，树立并实现自己的办学抱负，追求创新的机会并把它变为现实。"经营者"的根本角色，决定了校长要把"规划并管理学校的发展规划"放在首位，并

---

① 市场经济下校长角色与人才培养[EB/OL]. http://www.xiaozhang.com.cn/article/2697.html, 2014-07-09.

统率其他各项具体工作。学校发展规划是对学校长远发展目标及其行动路线所做的宏观、有预见的构想与安排。校长的首要责任是指导和监督规划的制订，并坚定地把它实施下去，日常工作要扣紧规划目标。其次，建立发展规划的实施制度及措施，树立良好的校风。校长"日理万机"，如果是处理一件件具体工作和矛盾，那他就不是领导，而是"消防队队长"了。"纲举目张"，纲就是制度以及由此而衍生出来的教风、学风，有了制度，每个部门、每个人都在"纲"上为自己的任务、职责和行为正确定位，各项工作就顺理而行。再次，抓干部的使用和培养。学校发展规划确定后，干部就是决定因素。校长应立足于下属干部各自独当一面，而不是"事必躬亲"。刘邵在《人物志》中说，领导者的才德是"聪明平淡，总达众才，而不以事自任者也"。校长要统揽全局，就必须慧眼识人、放手用人。

其实，发展规划不仅对工厂、企业等组织的管理富有价值，而且对于学校管理也同样富有意义。值得一提的是，发展规划理念及相关方法在我国的各类组织中，早已引起人们的关注，只不过中国学术界没有最早提出这一概念，没有及时进行分析、提炼、概括而已。

 时事链接

走访全国闻名的富裕村

在河南省北部，有一个十分富裕的村子。两年前我们去参观时，村子里高楼林立，漂亮的绿化、笔直的马路，书店、商店、饭店等一应俱全。村子里每家都有小轿车，每家都有一栋很大的别墅。村子里的学校，硬件设施堪称一流，教职工福利待遇也非常好。每年村子还

评选"好媳妇"，若当选就获奖金 2 万元；孩子上学、医疗、保险等村子都管，还定期发放福利、津贴等。

以前这个村子怎样呢？党支部书记告诉我们，1978 年左右这里可穷了。"那时，我们这，吃没吃、穿没穿。一袋小米再加上两块香皂，就可以从我们这里换一个漂亮姑娘带回去给人家做媳妇！"

为什么会有如此之大、可谓翻天覆地的变化呢？他说："我们这里丘陵多，若按上级的'包产到户'，肯定富裕不起来。那我们该怎么办呢？我们当时实在是无路可走。后来，我们找来了村子里的一些人、外村的人、乡里的领导，我们坐下来，十几个人一个小组，大家一起谈论我们村子到底该如何发展？做什么事？谁来做？多长时间完成？我们大概用了两天时间，做了初步计划。后来，让村子里大多数人议论，最终确定了下来。我们就是按当时制订的计划一步步走到今天的……当然，过一段时间我们也会坐下来再议议，分给某人的事做了没有、做得如何？为啥有的人没有做，什么原因？做得好的，适当奖励；做得不好的，适当惩罚。我们也没有什么妙招。这办法挺灵的，我们过几年计划一次。我们基本上都是围绕计划做事的。"

其实，这个村子的做法就是制定、实施和评价发展规划的雏形。只不过，他们的做法还没有系统化、理论化，没有加以概括、提升罢了。

(二)学校内在发展的兴起

20 世纪 70 年代末，联合国教科文组织在对多个发展中国家的发展状况进行认真调研、反思后，提出了一种新的发展模式——"内在发展"。"内在发展"不同于传统上"要么过分依赖外在因素""要么纯粹是自上而下的政府行为"的发展模式，认为发展是一种综合性的过程，而非单纯的经济或政治行为，发展必须要在良性社会文化生态的基础上才能实现。同时，发展也是一种内因激发的过程，焕发本土人民自身的意识、动力和创造力，才是实现发展的关键因素。在联合国教科文组织看来，"发展越来越被看成是一种唤醒的过程，一个激发社会大多数成员创造力的过程，一个释放社会大多数成员个体作用的过程，而不是被看成是一个由计划者和学者从外部来解决问题的过程。"①这种方式所力图阐明的是："人民不能被发展，他们只能发展他们自己……一个人，只能通过他的所作所为……通过做出他的决定，通过增进对自己正在做的事情以及为什么做这些事情的理解力，通过增加他自己的知识和能力，通过他自己全方位地参与他所生活于其中的生活而获得发展。"②它暗示我们，在一个组织的发展过程中，关注自我、坚持主体性，从自身的发展过程中寻找进一步发展的动力和条件，也即寻找可持续发展的力量源泉是非常重要的。

"内在发展"的含义是指，如果发展是为了实现一个组织中人们的共同愿望，那么它就不可能模仿任何一个外部的模式，必须采取组织中人们自主选择的目标、方法和手段。任何外部的因素都只能是帮助或援助这种"内在发展"愿望的实现，而不是阻碍或干扰它。其所强调的是：第一，发展是一种"综合性"的过程，而不是单方面的经济或政治行为，发展必须是在良性组织文化生态的基础上才有可能。第二，

---

① Domination or Sharing ? *Endogenous Development and the Transfer of Knowledge*. The UNESCO Press. 1981. p. 65.

② Domination or Sharing ? *Endogenous Development and the Transfer of Knowledge*. The UNESCO Press. 1981. p. 73.

发展是一种"自主的"过程，尽管外在的帮助是必要的，但这种帮助不能演变为对一个组织经济、文化以及组织成员心灵的控制；唤醒组织中成员自身的意识、责任和创造力，才是实现组织发展的关键因素。第三，发展是一种"可持续的"过程，任何发展都必须将一个良好的生态环境纳入组织的发展目标之中，而不能为了眼前的利益而牺牲组织的长远未来。第四，发展是一种"自下而上"的过程，上级的意志尽管是重要的，但同时也必须关注组织中成员的发展意识与发展能力，使广大群众能够真正有效地参与到组织发展的事业中来才是更为重要且必须的。

因此，一个学校的发展，也必须注重"内在发展"，必须充分重视学校发展的"综合性""自主性""可持续性"，在形成"良好的组织文化生态"的基础上，真正使学校发展具有前瞻性、目的性，通过学校发展规划统领各方面的工作，使学校取得进步与发展。

第二节　学校发展规划的重要性

学校发展规划是校长管理学校的重要工具，是校长办学理念转化为办学实践的桥梁，是全体师生行动的纲领，对教师行为具有导向作用、规范作用及激励作用，对家长具有凝聚作用。同时，学校发展规划有利于提高校长的管理魅力，有利于将学校发展愿景与现实发展目标有机结合起来，增强学校管理改革的连贯性。

一、学校自我管理的需要

自我管理，是通过唤醒管理对象自我成长的内在需求，赋予其自主管理的权力，并为其提供自我发展的空间和平台，促进其自我发展与主动发展。对学校而言，组织及其成员一旦具有了这种自主管理的能力和水平，学校就彰显出强大的活力和激情，使其获得不可逆转的可持续发展的创新动力。① 自我管理让学校享有更大的自主权，可以更灵活地管理校务、运用资源和规划学校的发展，从而为学校缔造一个有利于其不断进步的环境。自我管理的最终目标，是通过各个利益相关者共同参与学校决策，提升教学水平，让学校享有更大的灵活性和自主权，从而按学生的需要来管理学校和分配资源，发展有自己特色的优质教育。②

目前，在我国基础教育中，地方、学校的办学自主权正在逐步扩大。学校人、财、物以及学校定位、发展目标、创建特色、教学、科研等原本完全由教育主管部门决定的事情，现在已逐步下移到学校，即逐步走向校本管理。在这种情况下，校长成为学校发展的关键，校长如何带领学校发展，制订明确的学校发展规划就成为首要任务。

二、实现学校愿景的手段

愿景是组织中人们所共同持有的意象或景象，能创造出众人是一体的感觉，并遍布到组织全方位的活动之中，从而使不同的活动融会起来。学校愿景是对整个学校未来发展的规划与设想，是学校组织成员为之奋斗并希望达到的学校发展蓝图。它概括了学校组织的目标、使命及核心价值，为学校未来的发展提供了轮廓和方向，通常会体现

---

① 赵福庆，吕春玲.学校自主管理的五大策略[J].中国教育学刊，2009(增)：32-35.

② 赵钰.简政放权：构筑基层学校自主发展新格局[J].中小学管理，2014(1)：4-7.

学校的办学理念，决定学校的教育培养目标。愿景可以理解为依据现有的条件对组织未来发展有远见的预测与期待，学校愿景就是从学校现状出发对学校未来的一种有远见的预测与期待，是学校成员所憧憬的学校未来发展的理想蓝图。[①]

其实，愿景还表现为一定时期学校发展的规划，是师生对学校发展的期待，它有三个基本要求：大家愿意看到的（期望的），大家愿意为之努力的（主动的），通过努力可以一步一步接近的（可实现的）。学校愿景既是校长教育哲学和办学理念的具体体现，更是针对学校实际的一种科学发展规划，它凝结着全体师生的共同认识，反映着全体师生的共同目标。只有这样，全体师生才能把学校的发展愿景转化为每一个人的奋斗目标，化作自己工作和学习的动力以及行动指南。通过规划，有利于将学校发展愿景与现实发展目标有机地结合起来，增强学校管理改革的沟通性、连贯性。

三、校长有明确的抓手

我国的教育管理体制经历了从一切由主管部门控制的管理到强调学校办学自主权转变的过程，校长的角色也随之发生了重要的变化，从目标守望者、任务执行者、安全追求者、环境适应者、学校管理者，转变为学校共同远景的开发者、传递发展理念的教育者、加速学校组织成员成长的促进者、引领学校发展的领导者。管理体制的改变、校长角色的改变，势必要求校长在学校管理中重新思考、科学定位，为学校的未来绘制出一幅清晰的发展"蓝图"。

---

① 张桂萍．塑造学校愿景——校长课程领导的首要任务[J]．现代中小学教育，2012(4)：59-61．

而学校发展规划恰好是校长办学理念转化为办学实践的重要抓手。学校发展规划需要对学校日常生活的方方面面进行系统策划，需要校长以整体的思维方式认识学校发展问题。制定和实施学校发展规划，涉及学校各个方面的问题，如学校硬件、周边环境、高效教学、学校内部制度更新、教师发展、学校科研的推进、管理人员的素质提升、学校文化建设，等等。因此，制订和实施学校发展规划就成为校长实施学校管理改革、促进学校发展不可或缺的管理方式或途径。

四、有利于教师认同学校发展

学校发展规划是学校教育教学工作、各项活动开展所要达到的目标和根本要求，科学而符合实际的学校发展规划，不仅具有极大的感召力，使全体师生员工能朝着规划所指向的目标奋斗、鼓舞士气、增强凝聚力，而且也使师生员工的工作具有明确的抓手、具体行动的策略，当全校教师看到发展愿景、具体工作目标，并切身感受到它们在一步一步变成现实时，就会形成强烈的激励感、自身的价值感及荣誉感，使他们不断朝着既定的目标努力进取、不断奋进。

那么，如何能制订出科学而符合实际的学校发展规划呢？诸多学校制订和实施学校发展规划的经验告诉我们，要想使学校发展规划能真正发挥作用，就必须促使师生从内心深处理解、认同学校发展规划，愿意为规划目标做出自己的努力。而要使师生理解、认同学校发展规划，就必须让师生参与到制订、实施学校发展规划的过程中来，体验到主人翁的责任感和义务。学校管理者在制订发展规划时也应从根本上改变凭感觉和经验或靠上级指令来做事的传统做法，科学合理地安排各项制订及实施工作，有计划、按步骤地使师生参与到具体的工作之中，同时，结合学校发展规划来制订和实施教职工个人的职业生涯规划，为教职工提供一个不断上升和发展的平台与空间，对教职工的激励和引导作用才会更加有效和持久。

五、有利于开发和利用社区资源

学校发展规划的制订与实施，是发挥包括社区在内的学校共同体成员的作用、形成共识的过程，不仅有助于加强学校和社区间的沟通和融合，有助于开发和集聚社区的各种教育资源，而且也有助于社区参与学校管理，监督和支持学校各方面的工作，帮助学校建设现代学校制度。

大家知道，学校发展规划不应该是一个人或几个人的创造或构想，而是多方参与、共同合作的结晶，在制订学校发展规划的整个过程中，应特别关注社区代表的意见及建议。通过参与式的方法制订和实施学校发展规划，使学校和社区共同发现学校面临的问题和困难，确定需要优先解决的问题，明确学校发展的方向和目标，鼓励社区与学校一道承担改善学校教育的责任，调动社区参与学校发展的积极性，在学校和社区之间建立互动、互助、互利的有效机制等是十分重要的。同时，学校应建立与社区之间的一种新型关系，自下而上地确立学校发展，促进教育资源分配的合理性和有效性，并提高社区成员对学校的认识，在当地形成一种良好的学校文化氛围，吸引更多的适龄儿童入学，提高教育教学质量。

六、有利于学校特色创建

从长远考虑，作为一个学校必须创建自己的品牌、形成自己的特色。而要发展，就必须要有一定的发展思路、明确的目标，且要围绕目标开展各项工作，进而真正实现愿景，促进学校发展。如果没有发展目标的引领、合理的理念及模式、科学具体的操作技术和方法，也即没有对规划问题的深入探讨与应用，势必事倍功半，造成资源浪费，发展出现畸形。而要做到这一点，制订和实施学校发展规划就是必须的且不可回避的。比如，学校之间的生源竞争问题，从目前的情况看，有越来越激烈之势。特别是近几年，由于我国人口结构的变化，有的学校生源充足、年年学生爆满，而有的学校生源短缺、几近撤并。所以，在一定的条件和环境中，如何通过打造优质学校，树立品牌，进而吸引生源，就成为学校管理者不得不深入思考的重大问题。

第二章 如何理解学校发展规划

第一节 核心概念解读

一、学校发展规划的内涵

学校发展规划既是一种学校管理方式的更新，又是通过学校共同体成员来制订和实施学校发展综合性方案的过程，是为学校发展提供支持能力，并不断探索学校的发展策略，持续改进教育教学质量而进行的管理行动。作为一种有效的管理方式，学校发展规划不仅关注静态的文本，而且更重视动态的操作过程及相关技术的应用。它强调对学校管理的整体思考、管理方式的改善，关注学校自下而上的变革与内在发展。学校发展规划通过对学校优劣势、发展机遇和挑战等的剖析，由利益相关者共同参与，谋划学校发展的愿景、内容和策略。

（一）什么是规划

对于规划的内涵，不同的学科有不同的理解。在《辞海》中，规划亦作规画，是谋划、筹划的意思，后来亦指较全面或较长远的计划。

在《现代汉语词典》中，计划是指工作或行动以前预先拟订的具体内容和步骤。可见，规划也属于计划，但又与计划存在着差异。

规划是长远的计划，具有谋划、筹划等特性；计划则比较具体，包含实施方案、具体措施等。在现代管理学中，规划属于计划的一种类型，特指具有战略性、比较全面的发展计划，是指导一个组织在一定时期的发展蓝图。规划一般只确定目标，提出保障措施、实施步骤，而不具体确定工作内容、方法和进度。而计划则是对未来一段时期的工作做出的部署和安排，涉及做什么、什么时候做、在什么地方做、谁来做以及怎样做等具体问题。在英文中，规划与计划均用"plan"来表达，但就现代学校管理活动中"规划"所发挥的作用而言，已明显超出"计划"作为一种管理活动或环节的传统定位，不断演变成提高学校效能和教育质量的一种重要的管理创新策略。[①] 由此可见，规划已成为具有前瞻性、综合性，涉及管理行为改变等相关活动和过程的一种谋划或策划活动。

(二)什么是学校发展规划

就目前研究和实践来看，关于"学校发展规划"，学术界尚未形成统一认识。由于关注重心、层次、内容以及形式等的不同，学者们对学校发展规划含义的理解存在明显差异。概括起来，可划分为两类：

1. 行动论

英国的哈格里夫和霍普金较早明确而系统地提出"学校发展规划"（School Development Planning，SDP）这一概念。他们于20世纪80年代后期开始，在英国中小学积极倡导并推进学校发展规划运动。

---

① 陈廷柱. 学校发展规划与管理创新[J]. 高等教育研究，2005(4)：61-63.

1991年，他们出版了《被授权的学校：发展规划的管理和实践》一书，系统阐述了学校发展规划的理论与实践。在哈格里夫和霍普金看来，学校发展规划是为了学校的发展、管理变化而采取的必要行动，是对学校发展过程进行描述且更为规范化的一种解释，是施加给学校的一种具有创造性的革新方式。另一位学者斯特安基·伊恩认为，学校发展规划是为了管理变化、分享责任以及为学校发展提供支持能力而进行的活动，其最主要的作用是通过有效的行动确保学校教育教学质量的提高。此外，学校发展规划还涉及使学校能把精力主要集中于那些可实现的重点项目及对成功完成这些项目的程度做出判断，等等。[①] 我国学者楚江亭教授指出，"学校发展规划不仅仅是学校发展方案，它还是创制发展方案并确保这一方案产生效果的活动或过程。"[②]

2. 策略论

布伦特·戴维斯和琳达·埃利森在合著的《学校发展规划》中提出，学校发展规划作为学校的一种自主发展活动，是在国家和地方的政策环境下，为了对学校实施有效管理而提供的一种实际可操作的策略，并对学校的活动所进行的评估和优先排序。[③] 近年来，国内也有学者对此进行研究。如有学者认为，"学校发展规划是围绕发展性目标，同时又兼顾基础性目标而设计的学校发展综合性方案"，[④] "学校

① StronachIan. Quality Assurance in Education：Plans，Targets and Performance Indicators，Current Issues[D]. University of Stirling，1993：6.

② 楚江亭. 学校发展规划：内涵、特征及模式转变[J]. 教育研究，2008(2)：81-82.

③ Brent Davies & Linda Ellison. *School Development Planning*. Longman Group. UK Ltd，1992：7-41.

④ 徐承博. 发达地区中小学实施素质教育的行动纲领及实践研究[M]. 上海：上海教育出版社，2001：34.

发展规划是指一所学校根据国家或地区教育发展战略的要求，结合自身条件，对学校未来三至五年内要达到的主要目标和发展途径，如学校发展目标、发展规模与速度、组织结构、人力资源、办学条件和实施策略等方面的安排。"①中/英甘肃基础教育项目"学校发展规划（指南）"指出："学校发展规划是一个学校在未来三年内要达到的主要目标，既包括硬件方面，如校舍的新建、购置教学仪器设备和图书、配备课桌椅等；也包括软件方面，如教师素质的提高、学生学习成绩的改进以及学校管理的改善等。"②还有学者认为，"学校发展规划是通过学校共同体成员的努力，系统地分析学校的原有基础及学校所处的环境，发现学校的优先发展项目，确定学校的发展方向和教育目标，促使学校挖掘自身的潜在资源，按照自己的价值观，提高学校的管理效能，最终提高学校的教育质量"，③ 等等。

可见，策略论是把学校发展规划定义为围绕学校发展目标而设计的学校发展综合性方案；行动论则认为学校发展规划不仅仅是学校发展方案，更是一种管理方式的改变，是筹划或设计学校整体发展的活动或过程。前者注重静态的规划，把学校发展规划等同于形成一种文本；而后者则注重静态与动态相结合，既认为学校发展规划是一种文本，同时也认为是管理方式的更新，涉及相关的过程与活动等。后一种界定更能体现当代学校发展规划的本质属性。因为，仅形成"文本"是相对容易的，它甚至不需要改变学校的管理行为，只是预先设想

---

① 陈如平. 管理创新与学校发展[J]. 教育科学研究，2003(6)：18-20.

② 中/英甘肃基础教育项目领导小组办公室. 中/英甘肃基础教育项目——学校发展规划（指南）[Z]. 2001(3).

③ 陈建华. 如何制定学校的发展规划——西方教育发达国家的 SDP 项目及启示[J]. 全球教育展望，2004(4)：61-65.

的、具有可能性的方案。但可能性并不一定转变为现实，面对学校复杂多样的人、财、物等因素，这种静态的"一次性"的"文本"不一定能促进学校的长远发展；而强调静态与动态相结合，注重管理方式的改善，涉及有关的"活动"和"过程"等，从而使规划更能根据变动的环境来调整学校的发展策略，并在持续的实践活动中不断完善，进而改变学校的管理结构、运行机制，促进学校发展。

由此可见，学校发展规划既是一种学校管理方式的更新，又是通过学校共同体成员来制订和实施学校发展综合性方案的过程，是为学校发展提供支持能力，并不断探索学校的发展策略，持续改进教育教学质量而进行的管理行动。正如有学者指出，"学校发展规划不仅仅是学校发展方案，它还是创制发展方案并确保这一方案产生效果的活动或过程"。①

二、学校发展规划的特点

(一)学校管理理念的更新

通常人们所理解的学校发展规划仅仅是制订或实施一种文本，且这种文本常常不涉及学校管理方式的改善以及其中有关技术的应用活动与过程等；而强调学校发展规划是一种活动和过程，且注重管理更新、责任分享以及把学校的主要精力集中于那些可实现的重点项目，并不断在实践中完善等，将使人们重新认识学校发展规划，领悟其全新的含义，对学校管理进行系统的思考，关注学校管理结构的调整、行为的改变，在参与、体验、反思的过程中，对学校发展进行理性的

---

① Tony Bush & Marianne Coleman. *Leadership and Strategic Management in Education*[M]. London：Paul Chapman Publications Company，2000，pp. 68-78.

分析，由此确定学校在较长一段时间内的发展策略、目标定位、发展内容及保障制度、监控措施等，由此真正促进学校的发展。

（二）一种系统的学校管理方式

学校管理有多种方式，如传统的目标管理、角色管理以及现代的过程管理、信息管理、知识管理、绩效管理等。由于这些管理方式的目的不同和侧重点的差异，加之统整学校各方面工作的不足，因而在学校管理活动中均呈现出不同程度的缺陷。而把学校发展规划看成是一种系统性的管理方式，不仅包含上述管理方式中的基本内容，而且还展现出学校组织发展的整体性和长远性；不仅使人们关注学校发展的目标、过程与绩效，而且重视在相关的活动过程中追问各种管理方式的适切性、有效性和合理性，由此真正寻找到适合特定学校的管理方式，共同探索学校未来的发展策略、方法与路径。西方中小学实施学校发展规划的过程也表明，它是一种综合性的、有效的学校管理方式。①

（三）持续行动的过程

学校发展规划不仅仅是提出学校发展的目标或设想，亦或创设一种学校发展的未来蓝图，而是通过制订、实施和评价的系列活动与过程，激励并联合社会各界力量，不断改进学校的硬件和软件，改善学校的管理、教学和科研工作，并在长期、持续、自觉的行动过程中，调动校内外各种积极因素，逐步开发学校及其所在社区的多种资源，激发学校和社区的潜能，努力将学校组织的共同愿景转化为现实。

---

① ［美］迈克尔·富兰. 变革的力量（续集）［M］. 北京：教育科学出版社，2004：47.

（四）注重主体性、关注内在发展

内在发展区别于传统上过分依赖外在因素和力量而忽视内在因素和动力的学校发展模式。它所强调的是：如果发展是为了实现学校教职员工及其所在社区人员的共同愿望，那么，它就不可能模仿任何一个外部的模式，必须采取上述全体人员所自主选择的目标、内容和方法。学校发展应是一种自主的过程，尽管外在的帮助是必要的，但这种帮助不能演变为对学校人员思想、能力以及积极性等的压抑或控制。唤醒学校教职员工、社区人员的自主性以及相应的意识、责任和创造力等，才是实现学校发展的关键因素。

（五）强调广泛参与、自下而上、责任分享

学校发展规划尽管承认国家或政府的意志必不可少，但同时也要求关注学校以及相关人员的发展意识与能力，重视学校教职员工以及其所在社区人员的真正参与。其实，学校发展规划正是通过发扬民主、广泛采纳相关利益群体的意见和建议来改善学校管理、设计和实施学校发展的系列过程与活动的，并由此调适学校组织内部、学校组织与其周围环境之间的关系，获得广泛的认同，促进学校与社区的共同发展。①

 案例分享

河南省某实验小学规划节选

通过深入到河南省某实验小学，切身接触学校校长、两个校区领

---

① 楚江亭. 学校发展规划：内涵、特征及模式转变[J]. 教育研究，2008(2)：82-83.

导班子成员、中层干部、教师群体、学生群体、家长群体，尤其是进行的 360 度系统调研诊断、文化景点考察等活动，以及回北京后开展的 5 次小型研讨会，结合《国家中长期教育改革与发展规划纲要(2010－2020 年)》提出的"学校要创建特色学校，实施高效教学"等的要求，以及学校要进行管理体制的转变，从追求学校的数量到提高学校的质量，从对学校的维持到追求学校的绩效，学校管理模式从外在控制到自我管理，从一元、简单的行政管理方式到多元、特色的学校管理方式的转变，我们认为，河南省某实验小学的规划制订与实施需要从学校内部管理和外部发展两方面进行。

(六)目的性、价值性和建构性

从学校发展规划的前瞻性、全局性、多元性等特性分析，应该看到，这些特征仅仅是学校发展规划的表层特征。其实，学校发展规划还具有深层特征，即学校发展规划的目的性、价值性和建构性。由于学校发展规划的非价值中立性深受制订者群体的影响，因而在研究或探讨学校发展规划时，一方面要关注整体(包括世界、国家、民族、地区等)的社会、经济、文化发展状况，教育发展的未来趋势，以长远的眼光思考、探索学校所处的大背景和全局性的问题。另一方面，也要关注处于不同社会制度、不同性质的社会形态、一定历史时期、特定地域、民族、文化、习俗等之中的学校，以及其过去、现在和未来，研究这些学校应该如何发展，向什么目标发展；一定的发展理念、发展方式、发展内容、发展模式等，会对哪些人有利、对哪些人不利，怎样发展才能真正做到公平、公正、民主；应深入探寻在一个特定地域中，特定阶层、群体或个体所接受过的、现在正在接受的学校教育是什么样的形态，这些学校是如何塑造人（或规训人）、促进社会进步（或阻碍社会发展）、进行社会结构再生产（或打破原有社会结构）的；这些学校的发展规划是如何被"建构"或"塑造"出来的；某种学校发展规划可能会给某一特定阶级、阶层或某一群体等带来"能预见到的""不能预见的"种种后果是什么。因此，学校发展规划的目的性、价值性和建构性等隐含不露的特性也是值得我们高度重视的。

三、学校发展规划的作用

在教育变革日新月异的今天，学校发展规划已经成为促进学校变革的重要改革实践。如果仅仅从应对评审、督导的角度看，学校发展规划至多是促进学校发展的外在因素。而学校发展中更值得我们认识和开发的，乃是学校变革的内在动力。在叶澜教授看来，"动力内化"乃是实现学校从近代型转向现代型的重要内容构成。[①] 当我们立足于学校变革内在需要这一立场时，就可以"发现"：学校发展规划内含着促进学校变革的可能性，学校变革"需要"学校发展规划。这一价值可以从学校层面、学校中人之发展层面、教育系统变革层面等来认识。

（一）明确学校发展愿景、准确定位

长久以来，我国基础教育阶段学校的发展，在发展方式上主要是以自上而下、大规模、集体性的改革行动为主，在内容上以办学条件的完善、教学方法的探索、课程改革的推进为主。尽管上述内容是学校发展的重要内容，但我们也必须看到其具体历史条件的局限性。从当代中国学校变革的走向来看，学校发展的方式需要更加关注学校自

---

① 叶澜. 实现转型：世纪初中国学校变革的走向[J]. 探索与争鸣，2002(7)：10-14.

身的特点，需要强调学校发展内在动力的唤醒，需要不断形成和强化各学校的办学特色，学校发展的内容将更多倾向于以学校办学思想的提升、学校中师生日常生存方式的完善为主，在改革的路径上更加强调研究型改革实践的价值，以此整体提升学校教育的现代品质。而这一发展方向，需要改变完全依据上级领导指示、按部就班管理学校的传统做法，需要改变日复一日重复性的日常工作方式。在这一背景下认识学校发展规划，就要求学校立足自身基础，建立发展愿景，自主规划学校发展并付诸实践。当然，办学思想的明晰、自主性和积极性的发挥、基于自身发展基础的保障等也内含其中。因此，学校的内涵发展、富有意义的自主发展，迫切需要对学校发展进行规划。

（二）促进校长、教师的专业发展

校长、教师是学校发展中重要的、承担责任的主体，但同时也是学校发展重要的目标群体。而且，从发展的具体内涵来说，校长和教师的发展不仅仅是"专业"发展，也应该是其生命的成长，包含着思想、观念、价值取向、思维方式、行为方式等的一系列更新。校长和教师的发展，虽然可以通过外出考察、进修、听报告等方式来促进，但从根本上说，是不能脱离学校发展的，而恰恰需要并且可能在学校变革的过程中实现。[1] 可以说，学校整体的、局部的发展，都是通过立足于特定主体的工作，并对这一主体的发展产生影响的；学校发展本身，是学校教育主体的发展资源。因此，对学校发展规划，在一定意义上就是对特定主体在学校发展过程中自我发展的规划。叶澜教授主持的"新基础教育"实验，就是通过学校发展规划的制订，促进校长

---

① 李家成. 校长生命成长：在学校管理实践中展开[J]. 思想·理论·教育，2003(5)：20-23.

等管理者实现学校管理的核心性转型：从"行政事务型"转向"发展策划型"，促使校长等管理者转变观念、思维方式和工作方式，在这一过程中，实现了"成事"与"成人"的结合。①

(三)促进学校系统的整体变革

每一个独立单元的学校变革并非仅仅对学校和学校中的人的发展有意义，同样会对学校教育系统的变革产生重要影响。我们可以看到，整体学校系统活力的获得，恰恰在于系统内部各子系统活力的焕发。复杂科学告诉我们：复杂系统的演化，就是由一个个平行发生作用的"作用者"相互竞争而缔造，这些复杂的、具有自组织性的系统是可以自我调整的……它们积极试图将所发生的一切都转化为对自己有利的东西。因此，每一所学校的自主、积极、创造性的发展，恰恰在为学校教育系统的更新提供着资源、能量和可能的道路，恰恰在以独特的方式支持着学校教育系统的变革，而不是与学校教育系统的整体变革相矛盾。因此，学校发展规划的内在价值不在于完成上级的督导，不在于应对上级的评比，而在于对学校发展、对校长和教师发展、对学校教育系统变革的内在价值。它不应该是外力驱动的产物，而更应该是源自学校自身改革实践需要的产物。

第二节 学校发展规划的历史

一、起源与发展

学校发展规划的源头，可以追溯到 20 世纪 40 年代，但那时的学校发展规划仅仅是长远、简短的设想，缺少具体的内容，有学者称其

---

① 叶澜.世纪初中国基础教育学校"转型性变革"的理论与实践[C].叶澜."新基础教育"发展性研究报告集，北京：中国轻工业出版社，2004：32.

为"有名无实"。真正的起源源于 20 世纪六七十年代的英国，当时英国政府正在进行大规模的教育改革。当时的学校发展规划叫学校发展计划。到 20 世纪 80 年代，特别是 1988 年英国政府颁布《教育改革法案》后，学校发展计划无论是在政策还是在实质上才可称之为今天我们讨论和研究的学校发展规划。《教育改革法案》在强调和促使每所学校应制订发展计划的同时，特别要求地方教育局向所辖学校下放资金、支配其自主管理的权利。这些使得以自主管理和自我发展为核心的学校发展计划变得名副其实，此时学校发展计划才具有了真正、完整的意义。值得一提的是，在 20 世纪 60 年代的英国，政府在教育方面的改革着力于：课程设置与开发、评价制度、教学方法，以及学校自我管理，这些与我国目前教育改革的发展趋势极其相似。

20 世纪 90 年代，英国教育和科学部将学校发展计划定义为"管理学校发展并促使学校更加有效的策略"。同时又进一步解释：学校发展计划是在学校层面制订的计划，计划的内容要与学校发展的实际需求、目标、价值观相结合，并强调计划要符合地方和国家的政策法令。这一时期的专家也认为，学校发展计划是一种自下而上促使变化发生的方法，这种方法使学校发展能系统地回应那些自上而下的改革政策。可见，学校发展计划被认为是学校达到自身目的的工具，是使学校能提高教学质量和使学生提高学习标准的过程。在实际的学校管理中，学校发展计划似乎只是工具，但蕴含其中的却是全新的管理学理念。其实践意义上的定义为"在学校层次、通过自下而上方式，广泛征求社区群众意见，由学校和社区自主制订的关于学校未来的发展计划，包括三年发展展望和每学年行动计划。①

20世纪80年代，我国首次引进"学校发展计划"概念。1999年，上海市与美国合作进行高效能学校——用测量改进管理的后续研究。同年，市教委与英国文化委员会合作，引进"学校发展计划"项目，在一些中小学开展实验研究。1999年，上海掀起了一股实验性、示范性普通高中的评审热潮，学校发展规划成为评审活动的重要内容，这一经验在全国得到推广。1999年由英国政府国际发展部提供资助，对甘肃、宁夏4个县的670余所学校进行了学校发展规划项目实验；在联合国儿童基金会的倡导与中国教育部的支持下，2001年至今，在我国西部进行的"中国——联合国儿童基金会校长培训与学校发展规划"项目也正在逐步深入推进之中，等等。

从上述国内试点的情况来看，学校发展规划项目深受欢迎，普遍被证明改进了学校的管理方式和办学条件，提升了校长的治校理念，加强了学校与社区的联系，是提高学校教育教学质量的一种重要手段，尤其是在薄弱学校改造、促进学校自主发展、挖掘学校的潜能等方面，其作用更为明显。

应该注意的是，在当前的学校发展实践中，学校发展规划往往被定位为示范性高中评比所需要的重要文件，或是教育督导中被检查的对象；在学校发展规划制订过程中，许多学校仅仅关注评审能否通过，甚至为此请人代为制订学校发展规划；而众多的中小学在改革过程中，尚未意识到学校发展规划的独特价值，尚未将学校发展规划与自己学校的发展联系起来思考。实际上，学校发展规划对于学校发展

① 姜男. 英国学校发展计划概览[J]. 中小学校长，2012(11)：68-70.

有着重要价值。①

二、学校发展规划现状

(一)基本理念

学校发展规划的中心理念,主要包括:其一,以学校的现实状况为基点,克服"左"与"右"的思想影响;其二,注重"内在发展""自下而上""可持续发展";其三,广泛参与,在每一个阶段都应有上级主管部门、社区代表、学校管理者、教师代表、家长代表、媒体代表、学生代表等的声音,做到群策群力;其四,制订、实施和评价学校发展规划的过程合理、公开;其五,在实施的过程中不断进行集体反思、讨论和改善;其六,在制订、实施和评价学校发展规划的每一个环节,要高度重视每一位成员自身所具有的实践知识、个人知识和本土知识;其七,重视潜在的各种机遇与威胁;其八,不断进行人力资源和社会资源的开发和利用,同时考虑到社会、社区环境的变化以及其他因素。②

(二)主要内容

学校发展规划应包括三个部分、四个方面的内容。三个部分是:学校总体发展规划、课程和队伍建设规划、校园发展规划。学校发展规划的三个构成部分之间不是孤立的,而是相互联系的。总体发展规划决定着课程和队伍建设规划、校园发展规划;课程和队伍建设规划

---

① 李家成.论学校发展规划在学校变革中的价值实现[J].当代教育科学,2004(16):28.

② 李家成.论学校发展规划在学校变革中的价值实现[J].当代教育科学,2004(16):28.

要服从于总体发展规划，同时又影响着总体发展规划；校园发展规划一般要围绕和配合总体发展规划、课程和队伍建设规划进行，但又在很大程度上影响和制约着总体发展规划、课程和队伍建设规划的制订和实施。四个方面的内容包括：学校现状分析、发展目标展望、发展要素确定和保障系统设置。现状分析是对自身所具有的基础、问题等进行全方位的梳理，明确在同一地区同类学校中所处的位置以及重要的特色是什么。发展目标展望是陈述学校在某一时段的发展目标、方向和程度，也就是要办成什么性质、什么类型、什么水平的学校，也即在广泛参与的基础上确立大家共同认可的学校目标。发展要素确定是规划的主体部分，即学校选择要重点发展的若干项目及其领域。保障系统是指为服务于发展目标和发展要素而需要提供的人、财、物等必要资源及其相关的学校制度设置。[1]

有研究者指出，学校发展规划是指一所学校根据国家或地区教育发展战略计划的要求，结合自身条件，对学校未来三至五年内要达到的主要目标和发展途径，如学校发展目标、发展规模与速度、组织结构、人力资源、办学条件和实施策略等方面所做的安排。它包括：确定社区未来三至五年对学校的需求，寻找学校发展中存在的主要问题，展望学校发展的前景和目标，提出实现这些目标优先需要解决的问题、办法、行动计划和措施。[2]

---

[1]　楚江亭. 关于制定学校发展规划有关问题的思考[J]. 教育理论与实践，2006(6):26.

[2]　陈如平. 管理创新与学校发展[J]. 教育科学研究，2003(6)：19.

案例分享

江苏省某中学"十二五"发展规划节选①

一、总体目标

1. 办学目标

坚持优质特色发展，全面提升办学水平，把学校建成"全省一流，全国知名，有一定国际影响"的品牌高中。

2. 育人目标

培养"人格健全有智慧，勇于创新有能力，全面发展有特长"的高素质人才。

二、规划目标与实施措施

(一)学校文化：一核多元的"大成文化"

学校文化是学校的灵魂，是学校的办学思想、教育理念、办学特色最集中的体现，同时也是学校可持续发展的动力。

1. 规划目标

围绕"为学生的终身发展奠定基础"的理念，以"厚德、明理、笃行"的校训为核心，从精神文化、制度文化、环境文化、行为文化、课程文化等方面，丰富"大成文化"的内涵，打造特色品牌，使学校成为省内著名、国内知名的文化特色学校。

2. 实施措施

(1)不断提炼"大成文化"的内涵。充分挖掘"千年学宫，百年丹

---

① 江苏省丹阳高级中学"十二五"发展规划［EB/OL］. http：//www. sdz. net. cn/xxgk/ShowArticle. asp？ArticleID＝1359，2014－07－11.

中"的历史文化资源，加强校史和传统文化的整理，通过对"大成文化"的深层次解读，凝聚丹中精神，发扬优良传统，推进校园文化建设，使校园文化体现"文化传承与思想引领的统一、氛围熏陶与内涵滋养的统一"。

(2)强化"大成文化"的教育功能。加强校史教育，激发学生爱国爱校的热情，勤奋学习，立志成才；开办"大成讲坛"，发挥优秀校友的激励作用。通过丰富的校园文化活动，发挥"大成文化"的育人功能，鼓励师生开拓创新。

(3)加强"大成文化"的宣传。加强学校宣传工作，充分展示学校的办学成果和经验，为学校发展营造良好的舆论环境。将"大成文化"渗透到德育、智育、体育、美育之中，围绕"大成文化"，提升校刊、校园网的质量，增加学术含量，发挥育人功能。

(4)构建和谐进取的精神文化。不断推进"校风育人"工程，通过"一训三风"的宣传与学习，引导师生追求高尚的精神世界，在潜移默化中接受共同的思想引导、情感熏陶、意志磨炼和人格塑造。

(5)优化学校制度文化建设。确立先进的管理理念，建立"以人为本"的制度文化，适应学校的发展和师生的健康成长，使学校各项制度规范、科学，适应学校改革与发展的需要。

(6)打造优美、高雅的环境文化。挖掘笔架山和砚池千年办学的历史文化底蕴，整体规划校园环境，创设各种文化设施，打造布局合理、格调高雅、大气灵动的校园文化环境，提高全校师生的文化素养。

(二)学生发展：一线多维的"大成路径"

"一切为了每一位学生的发展"是学校教育的根本追求。关注学生发展，就是要关注每一个学生的情绪生活和情感体验，关注每一个学生的道德生活和人格养成。

1. 规划目标

以育人目标的达成为主线，进一步丰富载体，完善网络，健全制度，从道德成长、习惯养成、人格发展、社会适应、创新精神、实践能力等方面多维展开，以思想引领、情感陶冶、实践体验、活动养成等形式多维推进，实现全体学生的全面、主动、生动、活泼的发展。

2. 具体措施

(1)建立学生发展指导中心。从起始年级开始，引导学生正确认识自我、认识社会，规划高中生活，规划人生。整合校内外的各种教育资源，综合发挥学校教育、教学和管理的功能，对学生进行品德指导、学业指导、职业指导、心理指导、社会适应指导等，帮助学生解决成长过程中遇到的各种问题，促进学生的全面发展、终身发展。

(2)深入实践"生态体验式自主性德育"。加强思想品德教育和社会适应指导；强化自主管理，指导学生形成正确的礼仪和行为习惯，引导学生在自我教育和自我管理中全面提升思想道德素质；不断完善德育网络，加强德育的学科渗透；开展各种主题教育活动，加强对学生的法制教育和行为规范教育，做一名合格的、负责任的公民。

(3)加强学业指导。通过专题讲座、个别指导等帮助学生明确学习目标，端正学习态度；对学习有困难的学生加强诊断和指导，指导选择适合的学习方法，不断提高独立思考和判断的能力；为学生在升学考试、专业选择上提供信息咨询和指导。

(4)加强心理指导。优化心理校本课程，指导学生提高心理保健意识，形成正确的自我意识和乐观向上的生活态度；发挥专职心理辅导教师和心理辅导室的作用，建立学生心理健康档案和三级预防体系，开展学生心理辅导与训练，帮助学生解决成长过程中的问题和困惑，实现快乐学习，健康成长。

（5）加强安全教育。强化生命教育，指导学生珍爱生命，健康生活；完善各种校园安全的预案，并针对可能的突发事件，举行突发事件处置的演练活动，训练避险方法，提高学生应对突发事件的能力。

（6）建设专业化的学生发展指导队伍。树立"人人都是学生发展指导者"的理念，以班主任、心理教师等专业指导教师为骨干，加强在职专业培训，形成专业化的学生发展指导团队。

（7）完善学校宣传、教育设施。加强学生电视台建设，完善校园广播站、宣传栏、阅报栏，办好《砚池》《杜若》等学生刊物，发挥图书馆、阅览室的教育指导功能，进一步完善心理咨询室的各项实施。

（三）课程建设：一点多面的"大成体系"

不断满足学生全面素质发展和创新人才培育的需要，为学生的终身发展奠定基础，是学校课程建设的中心。实现"大成人才"培养目标，必须在"多层面"上努力，通过有侧重的进行升学预备教育和就业预备教育，为高等学校培养合格新生，为社会各行各业输送高素质的劳动后备力量。

1. 规划目标

进一步优化学科课程，开发选修课程，强化活动课程，活化校本课程，建立整体优化的"必修加选修，学科加活动"的课程结构体系，培养学生自主学习、适应社会的能力，培养学生的创新精神和实践能力。

2. 具体措施

（1）在课程类型上，坚持必修课程与选修课程相结合；在选修课程中坚持限定选修与任意选修相结合。不仅开设好"学科类"选修课，更要重视开设反映新科技、新技术、新技能和与社会实际贴近的"研究型""拓宽型""综合性"的选修课，以培养和发展学生兴趣爱好和个性特长。

（2）在课程形态上，坚持学科课程与活动课程相结合，学期课程与短期课程相结合，活动类课程指定课程（校班会、体育锻炼等）与自选课程（科技、艺体、学术等）相结合。

——加强学科竞赛的组织指导。强化竞赛的组织管理，建立一支跨年级、专业化、有协作精神的竞赛辅导团队；创新培养模式，倡导主动学习、自主探索、动手实践、合作交流等学习方式，加强对外交流，提升竞赛层次。

——建立一批特色鲜明的学生社团。加强指导，科学规划，培训师资，提供条件，促进学生社团的建设与发展。拓展学生社团发展的领域，广泛开展学术科技类社团、兴趣爱好类社团、公益服务类社团的建设活动，做到学生人人参加社团，教师个个辅导社团活动。培养一批素质高、能力强的学生干部和社团骨干，把砚池文学社、杜若诗社、摄影社、书法社、艺术团以及科技创新、环境保护、计算机软件制作等打造成精品社团。

（3）在课程内容上，坚持学术课程与技术课程相结合

——认真开展研究性学习，加强研究性学习的课题选择指导、研究过程管理与考核评估，提高学生研究能力与实践能力，培养坚强的意志和勇于探索、独立、合作的精神。

——重视创造性课程的开设，加强创造发明课、科技制作课、自我设计课、自主实验课等课程的建设与实施，努力培养学生的创新精

神和创造能力。

——认真执行国家和省有关学校体育、卫生工作的法规，上好体育课，保证学生每天有一小时以上体育锻炼时间，使学生有健康、良好的身心素质，每个学生能掌握两项日常锻炼的体育技能。认真制订好艺术教育工作规划，开好艺术类课程，开展丰富多彩的艺术教育活动，努力提高学生的艺术修养，使每个学生有一项艺术爱好或特长。

——结合社会经济发展实际和学生的需求开设劳动技术课，做到教材、师资、设备和场地落实。发挥课程基地的作用，认真指导并组织学生参加各项劳动及寒、暑假社会实践活动，使学生能掌握一门职业技术或劳动技能。

（4）在课程管理上，坚持国家课程、地方课程与校本课程相结合

加强校本课程建设，重点做好国家课程、地方课程的校本化改革以及校本课程的精品化发展。确定校本课程的总体目标，认真制定校本课程的基本结构和《校本课程开发方案》，对教师进行培训，让教师申报校本课程，学校进行评审后，组织实施。加强对校本课程的评价，包括《课程纲要》的评价、学生学业成绩的评定、教师课程实施过程评定以及《校本课程开发方案》的评价与改进建议等。加强校本课程资源的网络化建设，充分体现学校的个性化和自主性，实现跨时空的交流和研讨。

（四）教学与科研：一纲多模的"大成课堂"

大力开展"一纲多模"的大成智慧课堂的探索。"一纲"，以新课改理念为纲；"多模"，积极开展"自主·合作·创新""发展个性，触发创新""分层递进，异步教学""导学案引领，精讲练结合"等多种体现大成智慧的教学模式的研究与实践，立足于全面提升教学质量，着力

培养拔尖创新人才。

1. 规划目标

牢固确立"质量立校"意识，抓实教学常规，积极探索适合不同教学内容和不同类型学生的课堂教学模式，全力打造富有智慧的"大成课堂"。深入开展教学科研，进一步完善教学评价体系，促进学生全面而有个性的发展，提升创新人才培养质量，全面提高教学质量。

2. 具体措施

(1)抓实教学常规，提高教学实效。抓实教学过程管理，落实教学"五认真"，充分发挥教研组和备课组在教学常规管理和教学研究中的作用。注重集体备课的规范化，充分发挥教师团队合作精神，浓厚研讨气氛，发挥集体智慧，提高集体备课的有效性和针对性。注重教学反思，注重因材施教，切实减轻过重课业负担。

(2)转变教学理念，探究教学模式。彰显"自学—讨论—探究"相结合的课堂教学特色，大力打造有特色的"大成智慧课堂"。强调教师内驱力与学生内驱力并举，实现从重教师"教"到重学生"学"的转变，着力提高学生的学习能力、实践能力，培养学生"自主探究"的创新精神和创造能力。

(3)改进评价制度，完善评价体系。注重过程评价，注重评价主体、评价内容、评价标准、评价方法的多元化，将形成性评价与终结性评价有机结合起来，形成一套推进课程与教学改革、促进教师专业发展、促进学生全面发展的科学而有效的课程评价体系。完善学分制，从评价机制上保障学生有足够的时间和空间投入到加强基础和发展个性上。

(4)加强课题研究，改进研究机制。建立总课题带领下由若干子课题组成的动态课题体系，加强课题研究的针对性和实效性，强化重点课题研究，保证各级课题高质量结题并有效推广。"十二五"内，完成1项国家级课题、5项省级课题和15项市级课题的申报、立项、开题工作，按时完成课题的中期评估与结题工作。

(5)打造科研品牌，提升办学质量。不断创新教科研工作模式，强化教科研"探究性"的特色。充分发挥名特优教师的示范引领作用，建设学习型、研究型课题研究小组，浓厚科研学术氛围，实现由"被动研究"向"主动研究"转变。完善校本教研制度，办好"教科沙龙"和《大成教育》。

(五)教师发展：一专多能的"大成梯队"

打造一专多能的教师梯队是学校可持续发展的重要保障。"一专"就是要求教师对本职工作"专心"；"多能"要求教师有胜任教育教学工作的能力，有使用现代教育技术的能力，有开设选修课程、指导课外活动小组的能力，有进行教育科研的能力，部分教师有进行双语教学的能力。

1. 规划目标

以师德建设为核心，以"学为人师、行为世范"为准则，以提高教师思想政治素质、职业理想和职业道德水平为重点，优化教师队伍结构，加强教师培训和创新团队建设，建设一支由专家型、学术型名师和各级各类骨干教师及青年教师组成的教师梯队。

2. 实施措施

(1)加强师德建设。积极引导广大教师"关爱学生，严谨笃学，淡泊名利，自尊自律"，以人格魅力和学识魅力教育感染学生，做学生健康成长的指导者和引路人。加强教师职业道德教育，引导教师严格要求自己，抵制社会不良风气影响，要将师德表现作为教师考核、聘任、聘用和评价的首要内容。

(2)完善教师专业发展规划。要通过制定"教师个人发展规划"并努力实施，不断提升教师专业技能，建设一支具有现代教育教学理念，善于学习，勤于思考，勇于创新，业务能力精湛、教学特色鲜明的教师队伍。

(3)深入实施"青蓝工程""1358工程"和"名师培养工程"。要特别关注35岁以下青年教师成长，建立青年教师成长档案，通过举办青年教师教学基本技能大赛等促进青年教师成长。要重视教育主管部门组织的各级各类教学比赛，完善奖惩条例，以赛促训、以赛争优，引导青年教师快速成长，加快名师包括名班主任队伍的建设。发挥名师工作室效应，促进教师的专业化成长。

(4)健全教师培训机制。进一步创新培训形式、丰富培训内容，提高培训实效。保证教师培训的经费投入，每年用于教师学习、培训、考察的经费不低于学校教师工资总额的10%。培养教学与科研骨干，打造学科领军人物，争取教授级中学高级教师达到6人，特级教师8人，形成结构合理的教师梯队。

(5)加强教师队伍管理。健全教师管理制度，规范教师从教行为，提高教师的思想素质和业务能力，充分调动广大教职工的工作积极性、主动性，不断增强责任感、主人翁意识。

——加强制度管理。制定目标管理与过程管理相结合的教师管理制度，规范从教行为，做到以奖为主、奖惩结合。狠抓制度落实，充分调动广大教职工的积极性。

——加强文化管理。弘扬教职工的主体精神，增强广大教职工的责任心、忧患意识，提高向心力、凝聚力，将教职工的思想言行统一到学校的思想目标上来，努力形成一种学校文化精神。

——加强教师的自我约束和学生的议教评教。深入开展教师"三评"活动，全面评价教师工作，构建符合学校发展要求的、有利于教师专业发展的多元评价体系，激励广大教职员工积极参与到学校管理之中。

(6)加快人事制度改革。积极创造条件，吸引优秀人才加入教师队伍。加强岗位考核，完善奖惩机制，形成"人员能进能出，岗位能上能下"的激励机制、竞争机制和合理流动机制，激发教师工作的积极性、创造性。

(7)增强教师的幸福感。创设和谐、民主、舒适、向上的工作氛围，使教师在不同的岗位上充分发挥自己的主动性、积极性与创造性。关注教师的身心健康，逐步提高教师福利待遇，改善教师的工作、学习、生活条件，增强教师对学校的认同感和归属感。提高教师地位，维护合法权益，使学校教师成为令人羡慕的职业。

(六)学校发展：拾级而上的"大成模式"

"拾级而上，阶段发展"是一条规律，也是一个策略，更是一种发展方式，是相对于"跨越式发展"的"脚踏实地、步步为营"的发展方式。"拾级而上，阶段发展"的关键是准确地进行现实定位和目标定位。

1. 规划目标

按照"全面提升—品牌创建—追求卓越"的要求，不断增强学校的核心竞争力，打造追求卓越的教育品牌。加强学校制度建设，深化学校内部体制改革，逐步形成"自主管理、自主发展、自我约束、社会监督"的精细化管理机制。建立以政府投入为主，多渠道筹措办学经费的运行机制，确保学校的正常运转，并逐步化解学校建设债务；按照素质教育的要求，加快学校硬件建设步伐，逐步形成"文化校园、信息化校园和精品校园"，为学校的持续发展提供有力的保障。

2. 实施措施

(1)形成适度发展的办学规模。根据现有的办学条件，以及教育工作的周期性、复杂性，育人"不容有失"等特点，我校应以"规模适度"作为发展的原则。规模适度，一方面是办学规模控制在合理的相对稳定的水平上，让更多的学生能够享受到优质教育资源，实现规模与效益的同步提高；另一方面是根据招生政策和生源变化趋势，严格控制择校生的比例，切实提高生源质量。

(2)打造个性鲜明的教育品牌。学校品牌是学校个性化的表现。我们要保持"全省一流"的教育形象，打造出"全国知名、有一定国际影响"的教育品牌，必须找准自己的位置，定位发展战略，不断增强核心竞争力，使学校品牌具有鲜明的个性色彩。

——提炼品牌精髓。要把拔尖创新人才培养作为品牌建设的重点，从学校精神、制度文化、组织行为等方面积累和建构全校师生共同的价值观、思维方式和行为方式，把品牌建设过程转化为教育理念形成和教育理念实践的过程。

——熔炼品牌实力。要从建设品牌教师、品牌学生、品牌课程、品牌文化、品牌服务、品牌标识等方面入手，把品牌建设转化为学校品质打造的过程。要把校风、教风、学风打造成学校的标志。

——锤炼品牌形象。品牌形象融化在全校上下的一举一动、一言一行之中，体现在教育教学每个环节之中，要从社会的角度设身处地的思考，倾听家长和学生的心声，根据他们的要求改造、创新品牌形象。

（3）建立推陈出新的现代学校制度。坚持依法治校，逐步形成以学校法人制度为主体，以学校组织制度和管理制度以及新型的政校关系为主要内容的自主管理、民主监督、社会参与的现代学校制度。

——深化以校长负责制为核心的内部管理体制改革。建立指挥畅通、运行高效的学校管理体制，逐步形成分级聘任、层级管理、责权明晰的学校内部管理机制。不断完善学校章程和各项规章制度，保证学校管理的科学化和规范化。

——加强干部队伍建设，建立校内各级领导岗位竞争上岗制度和任期考核制。重视后备干部培养，把德才兼备的优秀教师提拔到干部队伍中来。建立学校与教职工双向聘用制和后勤管理的包干制与联查制，规范岗位目标责任制，强化绩效考核，完善奖惩制度，逐步探索、形成具有我校特色的科学、合理的考核体制。

——健全教职工代表大会制度，不断完善科学民主决策机制，维护教职工合法权益，保障教职工参与学校的民主管理和民主监督的权利。健全校务公开制度，接受师生员工和社会的监督。

（4）完善精致化的内部管理体系。通过打造精致化课程，实施精致化教学，营造精致化校园环境及精致和谐的人际氛围，实现至真、至善、至美的理想目标。

——积极探索建立科学的内部管理体系。完善扁平式管理模式，有机协调处室和年级之间的关系，形成政令畅通、各司其职的运行机制，构建有序、高效、民主、和谐的内部管理体系。

——提高学校内部管理的精致化程度。坚持重细节、重过程、重落实、重质量、重效果。在"精"字上下功夫，在"细"字上做文章，让精细成为一种工作习惯，以此来推动精品学校的形成。

——加强学校安全管理，提高危机应对能力。牢固树立"安全无小事"的危机防范意识，健全安全工作的规章制度和重大安全事故应急处理预案，增强学校安全工作的预警防范能力。采取有力措施切实防范学校的信誉危机事件以及持续发展危机事件。

(5)建立"一主多向"的办学经费筹措、债务化解机制。目前，沉重的学校债务已严重影响学校的正常运转，严重制约学校的进一步发展。"十二五"期间，高中择校生的比例将进一步下降，收费行为将进一步规范，公办高中依靠收费保运转的机制将难以维持。因此，我们要积极争取政府的支持，逐步建立"一主多向"的学校经费运行和债务化解机制，促进学校的可持续发展。

"一主"：是指政府投入为主，平衡学校财务预算，逐步化解学校债务，使学校债务在2~3年时间里下降至合理水平。

"多向"：是指多方向、多渠道，积极筹措办学经费，确保学校的正常运转。首先，要用足、用好政策，规范收费行为，努力筹措办学经费；其次，要积极争取社会的赞助和董事会的支持，充分发挥"学校教育发展促进会"在办学中的积极作用；最后，要严格财务管理制度和基建维修、购物审批等管理制度，让有限的办学经费发挥最大的效益。

(6)完善学校硬件建设和设备设施建设。对照国家示范高中(省五星级高中)的指标，按照"文化校园、精品校园"的要求，进一步对校园各区域的功能进行定位，科学规划，分步实施。

——认真做好校园中心景区、南苑景区、笔架山景区的生态文化建设；要根据"按年级、分区域、定功能"的管理要求，调整好各区域的功能以及年级教学、办公区划布局，提高管理和使用的效益。要根据上级要求，及时做好危房改造和综合利用的工作。

——按照素质教育的要求，着重解决教学场所、办公场所和生活设施中存在的不足，努力建设好图书信息中心、实验中心、艺体教育中心、学生社团活动中心等专用教学场所，及时更新教育技术装备，并加强管理，满足学校发展需要。重视师生生活设施建设，充分发挥"国际部综合楼"服务师生的功能，努力解决师生生活困难。

——加快校园信息化的建设步伐。认真制定学校信息化建设的发展规划，确定学校信息化建设的步伐；加快硬件设备更新的步伐，切实解决信息化建设中配置落后、设备老化等问题。在全校范围内建立以网络技术、计算机技术与现代信息技术为支撑的教育教学和管理平台，实现学校办公管理自动化、教学管理自动化、通信管理自动化。

（七）特色建设：一体多翼的"大成策略"

学校特色建设是深化教育改革、全面推进素质教育的需要，更是学校内涵发展的需要。多年来，我校一直重视学校的特色建设，形成了较有影响的特色项目，并在拔尖创新人才培养方面取得了优异的成绩。2010 年，我校被确定为省级创新人才培养试点学校，以此为契机，我们将全力推进"一体多翼"的学校特色建设策略："一体"即以拔尖创新人才培养为主体，"多翼"即以拔尖创新试点班的课程建设、生态教育课程基地的建设、教育国际化发展等为支撑，努力培养"多元优质发展"的"大成人才"，打造学校"创新人才培养"的特色，推动学校全面质量的提升。

1. 规划目标

完善拔尖创新人才培养方案，突出创新教育的目标，加强创新型课程建设和生态教育课程基地建设，拓展教育国际化领域，创新人才培养模式，为每个学生提供适合的教育平台，使学生成为"人格健全有智慧，勇于创新有能力，全面发展有特长"的高素质人才，为学生将来成为各个领域的拔尖创新人才打下坚实的基础。

2. 实施措施

(1)完善有特色的拔尖创新人才培养方案。把拔尖创新人才培养作为一种理念融入前瞻性办学思想，多方论证，群策群力，完善我校拔尖创新人才培养方案。不断加大培训力度，促进教育观念的更新，努力打造一支专业化的有创新精神和改革意识的拔尖创新人才培养的教师队伍和管理队伍，在全面提高教育教学质量的同时，在拔尖创新人才培养上创造更显著的业绩。

(2)建设有特色的创新人才培养的课程体系。要积极探索创新人才培养试点班的教学改革，整合国家课程资源，重点开发人生规划、团队领导、创业设计、国学基础、科技创新等类型的校本课程，构建与拔尖创新人才培养相适应的创新课程体系，满足学生多样化、个性化的学习要求，增强学生的互助合作，发展学生的兴趣爱好，开阔学生的思维，为学生提供多元发展平台。

(3)探索有特色的拔尖创新人才的培养方式。加强生态体验德育的研究与实践，结合人生规划课程，指导学生科学规划人生。探索以问题解决为导向的"智慧课堂"教学方式，倡导讨论式和探究式教学，培养学生的实践能力和创新能力；创新学科竞赛的辅导与训练方式，发展终身学习和高效学习的能力；探索开展科技活动及课题研究的方式，提供学生科技实践的机会，促进学生实践能力和创新能力的发展。

（4）加强课程基地建设。以省级课程基地——"生态教育课程基地"的建设，带动各学科课程基地的建设。加强课程实施载体建设，提供丰富的学习素材和多样化的学习条件，为学生的发展提供个性化学习的选择和帮助，把基地建设成为有特色、有影响的教学研究中心、教学成果示范中心、师资培训中心和国际国内交流中心。

（5）拓展教育国际化领域。制定教育国际化的近期和远景规划，推进学校教育国际化步伐；加强交流，与国外学校建立友好协作关系，通过派遣老师交流培训、学生交流等形式，拓展教育国际化领域；建立有国际视野的领导干部队伍和教师队伍，培养具有国际视野、通晓国际规则、能够参与国际事务和国际竞争的拔尖创新人才。

第三章　学校发展规划的制订依据

第一节　学校发展规划的理论基础

一、目标管理

(一)基本内涵

目标管理是 20 世纪 50 年代中期出现于美国，以泰罗的科学管理和行为科学理论为基础而形成的一套管理制度。1954 年，彼得·德鲁克(Peter F. Drucker)在《管理实践》一书中首先使用了这个概念，并在其后的论述中，提到了"目标管理与自我控制"的主张。德鲁克认为，一个组织的目的和任务必须转化为目标，如果一个领域没有明确的目标，则这个领域必然被忽视。目标管理最大的好处是，它使员工能够控制他们自己的成绩，这种自我控制会激励员工尽自己最大的力量把工作做好。因此，他提出让每个员工根据总目标的要求，自己制订个人目标并努力达到个人目标，就能使总目标的实现更有把握。在目标管理的实施阶段和成果评价阶段应做到充分信任员工，实行权力下放和自我管理，发挥每个员工的主动性和创造性。①

目标管理的特点主要有以下三点：第一，目标管理是参与管理的一种形式，上、下级在一起共同确定目标。首先确定出总目标，然后对总目标进行分析，逐级展开，通过上下协商制订出企业各部门、各车间直至各个员工的目标。用总目标指导分目标，用分目标保证总目标。第二，强调自我控制。目标管理的主旨在于用自我控制取代压制性管理，推动他们尽最大力量把工作做好。第三，注重管理实效，是一种成果管理。目标管理非常强调成果，注重目标的实现，重视目标的评定，因此也叫"根据成果进行组织管理的方法"。②

目标管理的具体过程主要有三步：首先，目标管理从制订目标开始，制订目标包括制订企业的总目标及总目标的展开，即根据总目标自上而下各自制订部门目标和个人目标。其次，组织目标一经制订和展开，为保证目标的顺利实现，在实施阶段要着重抓好权力下放与自我控制、实施过程中的检查与控制两方面。最后，还需要对目标的成果进行评价，通过评价总结经验教训，使员工不仅获得自我实现的满足感，更能清楚地认识到自己的不足。目标成果的评价一般实行自我评价与上级评价相结合，共同协商确认成果。

（二）目标管理视角下学校发展规划制订

明确学校发展目标是学校发展规划制订的关键，学校发展目标中蕴含着学校的教育哲学，是在学校教育哲学引领下的办学思想或办学理念的体现和表达。在学校发展规划制订过程中，明确学校发展目标并非易事，需要考虑到理念层面的问题，如学校的性质是什么，学校

---

① 陈琳，苏艳芳编.管理原理与实践[M].北京：国防工业出版社，2009：83.
② 陈琳，苏艳芳编.管理原理与实践[M].北京：国防工业出版社，2009：84.

为谁服务，学校应确立什么样的理想和价值观念等。同时也要考虑学校的现有发展状况和未来的发展条件，还要使发展目标具有一定程度的挑战性。因为如果学校发展目标设定过高或过空，就会导致无法进行下一步的分解和落实；相反，如果学校发展目标过于简单，极易达成和实现，也势必会失去其应有的引领和导向作用。

在制订完学校发展规划的总目标之后，还应对学校发展规划的目标任务进行分解。首先，认识和理解教育整体目标和学校发展目标。教育整体目标和学校发展目标是学校发展规划目标任务的抽象化，它们是潜在的，也是隐形的，不需要在学校发展规划中直接表现出来，但是却为学校发展规划目标任务的设置指明了方向。其次，需要把握学校发展规划总体目标和具体目标之间的关系。总体目标是为达到学校发展目标而制订的学校发展规划实施所应完成的目标任务，具体目标是围绕总体目标设计的学校发展不同领域所应完成的目标任务，①比如，与提高教学质量相关的目标、与促进学生健康成长相关的目标、与课程教学改革相关的目标、与教师素质提高的目标、与推进学校管理民主相关的目标等。最后，明晰学校发展规划实施的活动进展。活动是促进目标任务实现的手段和途径，活动开展的过程即是通过活动一步步分级、落实规划目标任务的过程。

 案例分享

东莞某中学"十一五"发展规划总目标（节选）②

继续坚持"对每一位学生的终身发展负责"的办学宗旨，继续坚持

---

① 张新平，褚宏启. 教育管理学通论[M]. 北京：高等教育出版社，2012：393.
② 黄灿明. 学校发展规划个案研究[M]. 北京：中国轻工业出版社，2013：134-144.

"自主、和谐、共同发展"的办学理念，继续坚持"情感、意志、性格和谐发展，德、智、体、美、劳全面发展"的学生培养目标，继续坚持造就研究型、专业化的教师队伍的教师发展目标，继续引领东莞教育改革的方向，在新一轮发展中不断规范、不断完善、不断创新我校的"教育生态平衡"模式，实现跨越式发展，把学校建设成一所现代化、学习型的示范学校，早日实现"与社会发展相适应的、能与世界先进教育对话的国内一流学校"的办学总目标。

学校教育与社会发展相适应包括两方面的意义：一方面是学校的教育要适应社会发展对人的素质的要求，即要求在社会发展目标的引导下，通过学校教育，使学生初步具有适应社会发展需要的现代公民意识和能力。另一方面是学校教育要适应社会科学技术的发展，依托现代信息技术平台的支持，走出狭隘的时空，融入资源丰富、互动合作的大学习环境，建立符合现代社会特征的新教育方式。

与世界先进教育对话，是将学校发展置于世界大教育的背景下进行思考，扩大教育的观察视野和交流范围，使学校办学思想和教育方式与世界先进教育接轨，从而取得一种资格，能在一个较高水准的平台上，与现代世界先进教育形成沟通与交融。

为此，我校制订了以下战略措施。

1. 制度完善工程

（1）完善评聘分开、以岗定酬、绩效挂钩、优教优酬、优劳优酬、优管优酬机制，完善学校激励机制，让责、权、利相统一，付出和获取相对称，最大限度地调动教职工的积极性，激发教职工的内创力。

（2）明确学校质量管理的目标与责任。围绕学校教学中心优化岗位设置，形成职责明确、协调顺畅的岗位体系，形成纵向衔接、横向贯通的工作流程，建立科学、明确的工作责任标准，把学校质量落实到每个岗位、落实到每个人员、落实到日常工作之中。

（3）规范对外宣传制度，加大对外宣传力度，积极"链接"国家的主流新闻媒体。

（4）强化民主监督制度，进一步发挥教代会、学代会参与学校管理的功能。进一步完善校园网络管理平台，使学校管理更为透明、高效。

2. 教师发展工程

（1）抓好行政的廉洁自律工作，强化师德建设工作，努力提升教师队伍的思想水平，力争成为全省师德的楷模，同心同德，办好人民满意的学校。

（2）选拔一批德才兼备，热爱管理工作的优秀中青年教师作为学校管理人员培养，充实各级管理队伍，让管理队伍不断地知识化、专业化、年轻化，形成合理梯队。

（3）加大建设我校教师自我发展学校的力度，促进教师的专业发展。

（4）成立学校学术委员会，以有效地促进教师的学术研究。

（5）实施学科带头人制度，规范骨干教师评聘机制。

（6）大力培养名师，支持教师在职攻读研究生课程或硕士学位，选派教师到境外接受培训，培养国家级或省、市级青年骨干教师，培养省、市级优秀班主任。

（7）利用学校一流的设施，开展丰富多彩的文体活动，全面展示教职工的才艺，充分愉悦教职工的身心。

3. 课程改革工程

（1）规范教学管理，加强制度创新，建立和完善一套与新课程相适应的教学管理制度，包括课程开发和课程评价制度、选修课学生管理和成绩评价制度、教师教学管理和教师教学绩效考核制度、校本教研和教师继续教育制度、课程资源的开发和共享制度等，出版教学管理专著，为高中课程改革背景下的现代学校教学管理提供经验。

(2)大力加强学科建设，打造强势学科，提升发展学科，扶持薄弱学科，力争2～3个学科组成为省内和国内的优秀学科组；坚持稳步推进、适度超前的原则进行教学改革和课程改革，继续引领全市的新课程改革。

(3)建立校本课程开发小组，制订校本课程开发规划，分阶段、分学科、分专题开发具有学校特色的校本课程。校本课程开发实行教师申报、学校立项、专家评审、学生试用的办法。开发10门左右的校本课程，正式出版校本教材，初步建立起学生选修课程体系。

4.素质提升工程

(1)进一步贯彻落实《中学德育大纲》《公民道德建设实施纲要》《中共中央、国务院关于进一步改进和加强未成年人思想道德建设的若干意见》等文件精神，围绕学校的办学宗旨和办学理念，同时结合时代发展的现实需要，继续将以"爱国守法，诚信知礼"为核心内容的德育摆在学校工作首位，进一步完善学校的德育管理，优化学校的德育环境，提升德育工作的整体质量。

(2)以"德育实效"作为德育工作的实施原则和追求目标，以德育课程为载体，有效促进学生"品德内化"的德育模式，有效地激活学生的内驱力和道德需求，从他律到自律，从自律到自育，实现品德内化，达到人格自我发展、自我完善的境界。

(3)加强心理健康教育。增加相关人员配备，成立心理健康教研组，开设心理健康、生涯规划等相关课程；加强心理咨询室的建设，完善心理辅导制度。

(4)继续贯彻质量和效益相统一的方针，把提高教学质量和效益摆在突出位置，努力巩固，不断扩大高考成果。不断研究高考，积极应对高考，确保高考升学重点率、高分率、名校率在全市的领先地位，升入名牌大学的学生人数每年都有新的增长，力争每年考取清华、北大的学生人数保持在全省的前列。

(5)努力完善学校学科竞赛制度，保持学校优势项目，加强薄弱学科竞赛辅导的力度，在各级学科竞赛中确保在全市的领先地位，并进入全省前列。

5. 文化培育工程

(1)传承、发扬学校的百年文化积淀和优秀传统，继续对学校文化传统进行梳理，同时根据时代的变化，赋予新的文化内涵。

(2)培育高端精品文化，倡导经典阅读活动。学校制订经典阅读书目，鼓励、指导学生开展经典著作阅读报告会、讨论会等活动，引导学生尊重经典、亲近经典、理解经典。

(3)实施学校 CIS 规划工程，以更生动的时代形式反映学校优良传统和办学理念，反映学校开拓、创新、高要求、跨跃式发展的精神追求。

(4)继续加强学校现有的校园文化建设项目，加强对体育、艺术特长生的培养，提升学校艺术节、体育节、科技节的质量和品位。

6. 特色示范工程

(1)巩固学校在东莞基础教育中的领先地位，使学校的优质教育资源最大限度地服务于社会，满足学生、家长、社会的需求。

(2)率先实现教育现代化，带动和促进周边学校发展；加强对韶关曲江中学、东莞塘厦中学等对口帮扶学校的人员、智力、资金的支持，发挥学校的示范辐射作用。

(3)继续帮助办好初中部和松山湖学校，打造教育品牌。

(4)广泛开展英语课程教学实验，继续推动英语教育特色学校工作，在抓好英语常规教学的基础上，重点抓好英语应用教育，特别是英语交际能力的培养。

(5)借助东莞的IT产业优势，加强学校信息技术教育，巩固我校在中学生信息奥林匹克竞赛上的领先地位；加大学校教育信息化建设力度，完善学校主页和各部门专题网站建设，充实教育资源库；进一步探索信息技术与学科课程的整合，全面提高教育质量，以教育信息化促进教育现代化。

(6)加强学校社团建设，优化特长生培养、训练条件。加强学校足球队、篮球队、排球队等球类竞技项目的建设，提升学校合唱团、文学社、话剧社等文艺社团的质量，使它们成为学校面向全国和世界的品牌队伍，使东莞中学成为体育和艺术高级人才的摇篮。

(7)培养学生科技创新意识，瞄准全国中学生发明创造大赛、Intel工程科技大赛等国内外重大比赛，加强学生科技制作与发明的辅导工作，建立参赛学生发现和选拔制度，实行主教练负责制，建立针对各类竞赛的专用活动室、资料室、实验室，配备一流设施，力争使科技创造发明大赛人数逐年增加。

(8)设立学校人文教育工作室，制订学校人文教育计划，系统开设人文选修课，通过人文著作导读、人文讲座等途径，普及人文知识，提高人文精神素养，使之成为学校发展新特色。

7. 后勤优化工程

(1)加大校园硬件建设投入力度，更新或添置各种硬件设施和设备，落实绿色校园的规划建设，奠定学校现代化办学的物质基础。

(2)探索学校后勤社会化工作，加快学校后勤社会化的进程，引领和示范全省中学的后勤工作。

(3)提高资源使用效率，改善师生整体生活环境，提高集体福利。

(4)强化安全意识，杜绝重特大安全事故，增强服务意识，不断提高服务水平。

 案例分享

东莞某中学"十一五"发展规划①分目标(以"德育"为例)

一、德育工作目标

1. 德育工作的建设目标

(1)转变和更新德育理念，提高德育的实效性。

德育工作必须跟上时代发展的需要，做到与时俱进，在原有成果经验的基础上不断更新德育观念，改进和完善德育工作方式，大力提升德育的实效性。

(2)进一步完善德育管理制度，强化德育管理功能，整体提升德育管理水平。

在巩固和完善制度化、规范化的基础上，进一步推进管理的人文化，致力于构建无形的文化熏陶氛围，营造具有浓郁人文关怀色彩的软德育模式，从而强化德育的育人功能，整体提升德育的管理水平。

---

① 黄灿明. 学校发展规划个案研究[M]. 北京：中国轻工业出版社，2013：134-144.

(3)加强师德教育，造就一支兼具现代文明素质和传统文化底蕴的教师队伍。

严格把好新教师的招聘关，引进品德高尚、教学素质过硬的教师；加强师德理论学习和实践经验交流；进一步提升班主任培训工作的质量；成立德育工作研究小组，指导德育工作实践和研究；邀请相关的专家学者和名师来校举办讲座、报告会和研讨会；提倡阅读中国传统文化优秀经典著作，增强全体教职工队伍的传统文化底蕴。

(4)在原有基础上构建更好的德育环境，营造更好的德育氛围。

在以下几个方面营造更好的德育文化氛围：校园环境建设趋向质朴、典雅和精致；注重传统美德的发扬和现代公民意识的塑造；提倡严谨、务实的品格，鼓励创新思想和创新实践。

(5)扩大我校德育工作的社会影响力和辐射力，把我校的德育功能扩展到家庭、社区乃至全市。

充分发挥我校优势和潜能，通过学校的德育网、家校网和其他平台，加强家校德育互动，扩大德育影响力和辐射力，把莞中精神和莞中人的道德情操、品格风范带到社会中去，使学校良好的道德风范和精神品质进入家庭、社区乃至全市。

2. 德育工作的育人目标

依据学校"对每一位学生的终身发展负责"的办学宗旨和"自主、和谐、共同发展"的办学理念，学校致力于培养"爱国、守法、诚信、知礼"的现代公民。

(1)学生的培养目标。

①培养具有强烈爱国主义和民族精神的人。

强化爱国主义思想教育，弘扬民族精神，增强民族自尊心、自豪感。结合现代公民教育，全面提高学生的思想道德素质，让热爱祖国、遵纪守法、诚实守信、知书达礼成为每个学生自觉遵守的道德准则和行为规范，使学生成为具有崇高的理想信念、高尚的道德情操和良好的行为习惯的现代新人，为做合格的现代化事业接班人打下坚实的基础。

②培养传统美德和现代素质相统一的人。

大力提倡传统美德的教育，培养具有"君子人格"品学兼优的学生；加强现代思想文化教育，培养具有独立人格、自主意识、竞争精神、民主观念、创新能力的适应现代社会发展需要的现代人。

③培养人格自主和社会责任感相协调的人。

通过切实有效的思想政治教育和德育实践活动对全体学生加强集体主义教育，培养为他人服务、为社会奉献的道德情操，增强全体学生的个人道德感和社会责任感。

④培养心灵美丽与体质健康相结合的人。

培养学生具有善良之心、悲悯之心，关怀生命、关爱自然之心，培养学生具有追求和创造美好生活之理想和愿望，具有满怀爱心和热情的生活态度。与此同时，鼓励并创造条件让学生多运动多锻炼，使学生具备强健的体魄。

⑤培养具有自觉反思意识和终身学习习惯的人。

在德育过程中注重不断培养起学生的自我反省意识．并在这个基础上，逐步帮助学生树立终身学习的观念，培养学生终身学习的习惯。

（2）教师的发展目标。

进一步加强师德教育，通过教师之间的互相学习交流，通过教师之间的互相影响和帮助，通过学生与教师的相互感染，使教师在教育教学的过程中做到育人育己，成为精神世界越来越丰富的人，成为在工作和生活中感到幸福的人。

①使教师成为精神世界丰富的人。

采取多项措施鼓励教师不断自主学习，除注重专业学习外，特别加强人文、艺术、哲学等领域的学习，提升教师自身的人格素养和道德情怀，使教师成为精神世界丰富的人。此外，通过举办高质量的人文讲座来提升教师的精神格调，通过组织高品位的文化艺术活动来提升教师的审美情操。

②使教师成为工作、生活幸福的人。

针对教师工作量多、心理压力大的现状，采取各种措施减轻教师的工作负担和心理压力，使教师在工作中感到快乐，在工作之余的生活中享受到幸福。一方面在物质上要给以充分保障，合理调整并提高待遇。另一方面要组织多种康乐体育活动，舒缓教师的心理压力，增强教师的身心健康。

学校发展目标的制订，要考虑国家教育方针与政策、社会发展需求、学校教育哲学思想及办学理念、已有办学基础、学校资源及发展条件等因素。发展目标的制订就是在这些因素基础上确立的，通过学校全体人员的努力所要达成的具体结果。因此，学校发展目标的确立，既要反映出国家和社会对人才规格的总要求，又要体现学校的教育哲学思想及办学理念。

上述发展规划中，在总目标部分，如第一段中强调：继续坚持"对每一位学生的终身发展负责"的办学宗旨，继续坚持"自主、和谐、共同发展"的办学理念，继续坚持"情感、意志、性格和谐发展，德、智、体、美、劳全面发展"的学生培养目标，继续坚持造就研究型、专业化的教师队伍的发展目标，继续引领东莞教育改革的方向，在新一轮发展中不断规范、不断完善、不断创新学校的"教育生态平衡"模式，实现跨越式发展，把学校建设成一所现代化、学习型的示范学校，早日实现"与社会发展相适应的、能与世界先进教育对话的国内一流学校"的办学总目标。这个发展目标其实表达的教育目的，即培养人的质量和规格的总体要求，具有高度的概括性，但学校的发展目标应是具体的、能够达成的预期结果，而不是抽象的愿景或理念。该中学在总目标中强调的实施战略，有进一步的表达，对学校发展目标有具体的设计、规划，这些仍是值得借鉴的。因此，在制订学校发展规划总目标的过程中需要认识到，学校发展目标表述的是学校经过一定设计、规划后要达到的具体要求，这种要求是一种具体明确的结果，是通过学校全体人员的努力能够达成的预期目标。

在总目标中，对于德育部分的要求是：以"德育实效"作为德育工作的实施原则和追求目标，以德育课程为载体，有效促进学生"品德内化"的德育模式，有效地激活学生的内驱力和道德需求，从他律到自律，从自律到自育，实现品德内化，达到人格自我发展、自我完善的境界。而在分目标中，具体对德育对象和主体进行了讨论，但是没有体现德育课程在其中的载体作用，与总目标的对应并不明确。

值得借鉴的地方主要是德育分目标的表述上，较为清晰、明确。如"(3)加强师德教育，造就一支兼具现代文明素质和传统文化底蕴的教师队伍。严格把好新教师的招聘关，引进品德高尚、教学素质过硬的教师；加强师德理论学习和实践经验交流；进一步提升班主任培训工作的质量；成立德育工作研究小组，指导德育工作实践和研究；邀请相关的专家学者和名师来校举办讲座、报告会和研讨会；提倡阅读中国传统文化优秀经典著作，增强全体教职工队伍的传统文化底蕴。"在分目标中能准确描述出目标达成的内容，可以在实际操作中进行评估、检验，具有操作性，有利于发展目标的落实和评价。

二、组织生命周期理论

（一）基本内涵

许多经济学家和管理学家都认为，组织如同能动的生物有机体一样，其演化和发展具有一定的规律。伊查克·爱迪思（Ichak Adizes）认为："众所周知，无论是植物还是动物，只要是生物就遵从着被称为'生命周期'的现象。生物体都会经历一个从出生、成长到老化、死亡的生命历程，而生物体的行为模式是可以随着生命周期的变化而预知的。"[1]因此，对于组织而言，也都要经历一个生命周期：形成、成长、成熟、衰退。在组织生命周期的各个阶段中，计划的类型并非具有相同的性质，计划的时间长度和明确性应在不同的阶段中做出调整。而在组织的幼年期，管理者应当更多地依赖指导性计划，因为处于这一阶段要求组织具有很高的灵活性。在这个阶段上，目标是尝试性的，资源的获取具有很大的不确定性，辨认谁是顾客很难，而指导性计划使管理者可以随时按需要进行调整。在成长阶段，随着目标更确定、资源更容易获取和顾客忠诚度的提高，计划也更具有明确性。当组织进入成熟期时可预见性最大，从而最适用于具体计划。当组织从成熟期进入衰退期，计划也从具体转入指导性，这时目标要重新考

---

① 伊查克·爱迪思. 企业生命周期[M]. 北京：中国社会科学出版社，1997：1.

虑，资源要重新分配。

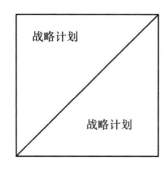

图 3-1　组织等级结构中的计划

计划的期限应当与组织的生命周期联系在一起。短期计划具有最大的灵活性，故应更多地用于组织的形成期和衰退期。成熟期是一个相对稳定的时期，因此更适合制订长期计划。①

(二)组织生命周期理论视角下学校发展规划制订

组织生命周期理论最早是由美国哥伦比亚大学安德森管理学院教授伊查克·爱迪思(Dr. Ichak Adizes)系统提出的，尽管他的理论主要针对企业，但对其他领域也有重要的借鉴意义。对于学校而言，也可以把学校组织的生命周期划分为：初创阶段、成长阶段、成熟阶段和衰退阶段。每个阶段和时期的生命周期特征和企业组织生命周期相类似，只是在组织发展各阶段所面临的具体问题和危机不同而已。

1. 初创阶段的学校发展规划制订

在组织生命周期理论中，处于初创期的组织，规模小、人员少、资金乏、稳定性弱、结构简单。初创学校总的特点呈现出无序状态，发展速度时快时慢，管理时好时坏。初创期学校无序的特点主要体现

---

① 陈琳，苏艳芳．管理原理与实践[M]．北京：国防工业出版社，2009：274-275.

在学校成员、设备设施、校园文化、资源组合四个方面。[①]

在学校成员方面，初创学校的成员来自不同地方，彼此之间还处于一种陌生的状态，需要一定的时间来相互了解同事之间的个性和特征。有的教师来到新的学校，看到学校新的面貌，接触新的领导和新同事，开始新的生活，会很快调整自己并适应新的环境。而有的教师来到新的学校，对新的学校充满着好奇和拘束，适应的时间要长一些。由于学校成员不同的特征和心理，便表现出不同的适应状态，产生不同的感受。这时，学校的管理和规划还处于一种尝试阶段，存在着许多漏洞，学校对教职员工的照顾和管理也会显得较零乱、不规范。总之，这一阶段学校成员之间还未形成共同的追求目标和行为准则，尚处于磨合期。

在设备设施方面，虽然初创学校相对于老校来说，皆为全新的，可是由于初创学校存在着资金或时间的问题，设施设备尚不完备，许多配套设施没有跟上。有的学校可能因为资金有限，只有教室和宿舍两处基础建筑，而学生饮水、食堂、厕所等条件简陋，学校电线线路不规范、道路泥泞、无卫生垃圾池等。

在校园文化方面，由于初创学校创建时间短，学校领导和教师还处于相互了解、相互磨合的状态，有共同的奋斗目标却缺乏相应的凝聚力，学校文化也呈现出随机化、个体化、多元化的状态，尚未形成独有的主导的校园文化。此时应注意更好地吸收地方文化资源，关注师师及师生交往，促进校园文化培育及发展，增强学校凝聚力。文化是社会现实的反映，是对社会存在的提炼和升华，而校园文化是社会

① 包玲. 基于不同阶段的中小学管理策略研究[D]. 湖南师范大学，2011：30-33.

的亚文化，社会中存在的各种文化是校园文化形成的基础。

在资源组合方面，初创学校的人力、物力资源不仅相对不足，而且由于时间不长，人力和物力资源组合的效率很难发挥。初创学校的管理者、教师和员工都是新的，彼此之间还比较陌生，教职员工的性格和特长都需要一段较长的时间才能了解，有些优秀教师的教学方法和教学特点也需要在比较长的时间才能逐渐熟悉，学校领导的管理风格也需要长时间才能适应，所有人都需要一段时间磨合。这一阶段，学校资源的组合并不能达到优化状态，以致新建的学校由穷校而变成"薄弱校"，教育质量和社会声誉都不尽如人意。

因此，初创阶段的学校，其发展的主要任务是建章立制，建立一套行之有效的管理制度，使学校健康有序地发展。学校通过制度的建立，形成运行的规则和常规，处理事件有章可依，使整个学校逐渐形成凝聚力，走向良性发展的轨道。由此，需要关注如下几点：首先，科学制订学校发展规划。对学校内外环境的现状做一个有机整体的考察，以学校未来发展为导向，利用优势、挖掘机会、克服威胁，巧妙地捕捉机会转化劣势，及时避免、处理各种威胁。其次，学校须制订一套行之有效的管理制度。建立"决策→执行→反馈"的循环体制，提高学校管理效率。学校的管理制度必须明确各个部门的任务和职责，确立某一时期内各个部门的目标，学校管理者不仅要协调好上下关系，还要公平公正地处理平级关系，制度一旦建立，严格运行，促进科学高效的管理制度产生。最后，落实学校规章制度。学校遵循教学过程的科学程序与客观规律，健全教学制度对师生进行管理，如教师规则、课堂教学、作业批改、考务等，使得教学与管理有序，使教学的各个环节规范，使活动时间安排合理，从而提高和改善学校的教学质量和信誉。建立保证师德师风建设的长效机制，努力形成教职工爱岗敬业、师表形象好、奉献精神强的学校文化氛围。

2. 成长阶段的学校发展规划制订

在学校成长阶段，首先，学校组织受当地的政治、经济、文化、人口等的影响较大，对学校发展起决定作用的是政府的教育行政管理部门或学校组织的投资者。其次，这一时期学校教职工的发展又极易受政府有关政策、学校组织环境的制约和影响，且这一时期的学校各项规章制度不够健全，校长及其他管理者也往往会在管理的过程中出现差错或偏差。最后，在这一阶段的学校一般还缺乏前瞻性的战略眼光，极易被眼前的小机会、短暂机遇所驱使，缺少系统、切实可行的长远规划，也没有形成能够影响师生长远发展的行为准则、文化氛围等。

因此，对于处于成长阶段的学校而言，首先，学校在制订学校发展规划的过程中应重在分析自己所处的环境、所面对的市场和要培养的对象，了解学生、教师、家长、社区以及政府或投资者的特性，评估现有的资源趋势和状况，明确学校的位置、发展定位、未来发展目标等。其次，校长在处理学校各类事务的过程中必须区分轻重缓急，在制订发展规划的过程中细化相应的规则和制度，避免过度受政府或投资者的左右或驱使，在管理工作中有所为、有所不为，抓重点，避免胡子眉毛一把抓。最后，这一时期的学校还应开始树立创建自身特色或品牌意识，力争带给公众良好的社会形象、教育特色，并求在短时间内打造雄厚的师资、配备良好的教学软硬件，通过提升教育教学质量、有目的地进行文化建设等，引导公众关注、参与、支持学校发展。

此外，在学校组织的成长阶段，也要注意以下几个问题和容易产生的危机：首先，管理者按照自己对投资者和社会需求的理解，采用一厢情愿的管理模式、精英理念、规章制度等进行管理，而且教师也是按照自己的工作经验和思维方式对学生实施教育，尽管大家都在开动脑筋、努力工作，但是一致性较差、效果不佳。其次，学校教育的结构特征、人文特征、发展特征不一致，没有连贯性，整个组织处于结构特征行政化、人文特征社会化、发展特征事业化的状态。最后，学校组织的主流文化模糊，需要在工作中发挥文化功能的柔性磨合、整合功能，从思想层次解决"组织系统危机"。[①]

3. 成熟阶段的学校发展规划制订

成熟阶段的学校组织正处于成长的最快阶段，学校整体素质逐步提升，各种管理制度也日趋完善。但在此情况下，不仅学校管理者极易在管理过程中失去控制，陷入多元化不断扩张的陷阱之中，导致学校发展出现困境，丧失发展重点。而且，这一阶段的学校受上级主管部门的影响远小于处于成长阶段的学校，且基本默认了自己的发展方向及路径，在管理上灵活性与可控制性均达到了一定程度的平衡，学校容易出现创新精神下降、管理者处于管理高原期、教师职业倦怠等问题，甚至有的学校管理者完全丧失创新品质、固执保守，安于现状、墨守成规。

因此，学校管理者在制订学校发展规划的过程中，首先，应对学校自身状况、发展态势有较为清醒、深刻的认识，同时，使师生员工提高对学校发展的认识，不仅构建科学、合理的管理体系，而且注重学校文化建设、人际交往，并且力争在人才培养方面做出突出的成

---

① 韩保清. 生命周期理论视野中的学校组织生命周期[J]. 教育理论与实践，2011(6):30.

绩，形成良好的教、学、研一体化的教育教学模式。其次，学校处于发展的成熟时期，学校管理者应重视目前良好的发展态势，寻找新的突破点，促进其未来持久的发展。在制订学校发展规划的过程中，要慎重考虑学校的使命、未来发展战略、发展内容、管理策略等是否适应新的政策、环境条件，及时调整、完善及更新发展战略或发展规划，可通过相应的群体参与、研讨、专家咨询方式等来确定学校发展哪些、维持哪些、淘汰哪些，以此促进学校克服高原期，促进学校发展。最后，不断培养未来事业的领导者、管理者和教师，把握发展机会、注重超越自我、持续发展，同时激发教师、学生对组织的自豪感和成就感，使学校组织在灵活与控制之间再次达到新的、更高的动态平衡状态。

此外，学校管理者还应在这一阶段，深刻意识到组织文化的强大渗透性、持续性和发展的惯性，因为这些都会成为阻碍学校管理、文化变革和重新发展的重要因素。同时，学校管理者还需要在学校的重点变革和未来发展决策中，避免"把握大局和稳定发展"与"重视细节和不断创新"之间的认知不一致、行动失调现象，避免错过学校发展的机遇期或关键期。

4. 衰退阶段的学校发展规划制订

进入衰退阶段的学校，一般来说有如下几个特点。首先，学校管理者及教职工的自我保护意识不断增强，学校的创新精神越来越减退，创新活动越来越少，学校管理往往拘泥于传统习惯和规章制度，学校内部人员的注意力开始集中到内部地位、待遇，乃至利益的分配与竞争上。如有些管理者重视产生问题的责任人，而很少考虑如何合理、合法地去解决问题或采取补救措施。其次，学校组织的文化、制度、规范等，以"优良传统"的形式在学校中逐渐固化，甚至成为学校管理的重要依据、基本参考，这就导致管理者在进行下一步的发展规划制订及实施时，过分依赖传统的惯例和刻板的办事程序，对过去组织的辉煌和组织成员的既得利益采取消极的保护行为，着眼于组织发展的安全性，而忽视学校的长远发展。最后，学校各部门之间的协调成本逐渐增大，尽管对于未来的发展有明确的目标，但是部门之间、各级人员之间的合作困难重重，人员的职位思想、"好人思想"严重，统一性减少，分歧日益凸显，失去了组织生存所必备的弹性，导致学校组织的优势减退、品牌大众化、特色不彰显、教育教学质量一般化，甚至有些学校管理层争夺权力、利益分配，学校功能失调、效率低下。

因此，在这个阶段，学校组织的发展前景既可以通过组织的创新和变革来进行，从而使学校再创辉煌；又可以使学校走向成熟和稳定；还可能由于不适应外部条件、政策、环境等的变化而导致消亡。处于衰退阶段的学校，在制订学校发展规划时，首先，学校管理者应及时掌握管理层、教师等的思想动态，避免有关领导在享有特权的过程中只有满足感和成就感，忽视其责任和义务，消除他们对学校未来发展和变革所产生的被动、抵触和"不作为"等心理，尤其要及时纠正其在工作时脱离群众、唯经验论、不做深入调查等的做法，强调实事求是、解放思想、勇于开拓、不断创新，把工作中的快乐与自我实现紧密结合。其次，精简机构或进行组织变革，划出相对独立的职能机构，打破原有学校组织同时处于一个生命周期或机构臃肿、人浮于事的组织割据状态，通过开拓新的项目，增强学校创新的活力。最后，严格实行学校管理人员任期述职、考核制，明确"退出机制"，聘请外部专家和研究者参与，有意识制造外部咨询顾问与学校内部程式文化的冲突，为学校组织主流文化的变革创造有利条件和发展基础。

三、校本管理

(一)基本内涵

校本管理是当代教育理论和实践中的一个新概念，有多种称谓，如"学校现场管理""分权化管理""参与决策""校本课堂发展"等，在世界不同国家之间没有一个公认的定义。我国教育管理的"校本管理"概念来源于英文"school—based management"。不同学者对校本管理有不同的解释，马兰、奥格瓦、克兰兹等认为，校本管理从概念上可以看成是控制结构的一种选择形式，是一种权力下放形式，这种权力下放把具体的学校看成是教育质量和效率提高的基本单位，把决策权分散看成是激励学校进步并使学校可持续发展的基本手段。在财政、人事和课程等方面的一些正式的决策权力授予并分配给学校现场成员，建立由校长、教师、学生家长、学生、社区及社区居民组成的正式的组织结构(董事会、委员会、小组等)，以便使现场成员直接参与学校的决策。[1] 我国学者黄崴也对校本管理进行了界定：一是学校是办学的主体，有关学校办学的权力应该下放给学校；二是学校有自己的办学理念，学校管理目标和任务根据学校自身的特点和需要确定，而不是上级或外部强加的；三是学校实施参与式管理，学校成员参与决策和管理；四是学校决策者对自己的决策及其执行负有责任。[2] 不难看出，校本管理的定义涉及分权、管理中心下移，校本管理中谁来管、达到什么目的、实现什么内容等，均强调权力下放，在管理方式上强

---

① 黄崴. 校本管理理论、研究、实践[M]. 广州：广东高等教育出版社，2007：8.

② 黄崴. 校本管理理论、研究、实践[M]. 广州：广东高等教育出版社，2007：9.

调权、责统一，利益群体的多方参与，以保证学校有效、最快地发展。

校本管理的模式，主要包括四类：行政控制模式、专业控制模式、社区控制模式和平衡控制模式。我国研究者王全等人认为，存在第五种管理模式——特许学校和特许学区模式。

表 3-1　校本管理的表现模式

	行政控制模式	专业控制模式	社区控制模式	平衡控制模式
基本含义	以校长为主导的校本管理，强调校长的财政、人事、课程的决策权①	以教师等专业人员为主导的校本管理，强调教师等专业人员对学校管理的参与决策权	以社区、学生家长为主导的校本管理，学校服务于所在的社区和学生，社区和学生家长决定学校的发展方向	教师和社区人员共同参与决策。实现专业人员和社区成员的平衡，既要体现专业人员的权威，也要体现社区成员和学生家长的需要
决策权	校长处理关键决策	ABC②处理关键决策	LSC③处理关键决策	教师和社区成员处理关键决策
成员参与度	低	较高	较高	高
决策效率	高	一般	一般	较高
市场需求满足度	一般	一般	高	较高
专业化程度	较高	高	低	较高

---

① 我国 1985 年《中共中央关于教育体制改革的决定》中提出实行校长负责制，几年后正式在全国公立学校推行，与行政控制模式有类似之处。有学者(黄崴)认为"校长负责制"是我们国家的校本管理，见黄崴. 校本管理——理论、研究、实践[M]. 广州：广东高等教育出版社，2007：7.

② ABC 即基建审议委员会(Association Building Council，ABC)，由一定数量的教师协会代表组成。

③ LSC 即地方学校理事会(Local School Council，LSC)，由一定数量的校长、学生家长、教师、社会代表和学生组成。

美国的特许学校和特许学区是校本管理的新发展模式。[①] 采用以上四种校本管理模式的学校，其自主权基于学区的承诺与决定。而特许学校则通过特许合同获得法律保障，学区不能随意改动其自主权的约定与程度。因此，特许学校具备市场化的特征，更多地接受外部需求与监督，为了适应与生存，学校也表现出更高的积极性、创新性。

（二）与传统管理的差异

由于管理机制的多样性和复杂性，论述校本管理和传统管理的差异并不容易。如传统管理是否是一个确定的管理模式，不同学校之间的管理机制是否有很大差别，以及两种管理体系、结构是否能够一一对应地比对等问题，都需要进一步研究与思考。在此，仅从以往研究者的结论中归纳一些两者之间的差异，以增进对校本管理内涵、特征的理解和把握。

表 3-2　校本管理与传统管理的比较[②]

	校本管理	传统管理
理论基础和理念的差异[③]	结果相等原则；多种途径达到目的；分权原则；自我管理系统原则；人本创新原则	标准结构原则；集权；重视执行；结构控制
学校教育目标的差异	基于服务对象的多元性，教育目标也呈现多元化；教育环境复杂多变，学校需要不断改革与适应	教育目标统一；教育环境稳定简单，不需要教育改革
具体管理机制的差异	多模式自主管理，分权管理	集权的官僚系统
学校态度的差异	主动、自主的决策	被动的执行

---

① 王全，陈太忠，何芳．校本管理[M]．北京：教育科学出版社，2009：83.

② 此表摘自 Yin Cheong Cheng 的英文文献．

③ 理论与理念的差异在王全等著的书中有较清楚的表格呈现，具体参见 p.38.

	校本管理	传统管理
决策者的差异	学校成员：校长、教师、家长、学生、社区等共同参与决策	政府等部门的行政决定
人际关系的差异	开放合作	封闭紧张
评价机制的差异	动态调整的评价，以保证持续性发展	单一的监管式评价

(三)校本管理视角下学校发展规划制订

校本管理制度的基本特征，主要包括：权力下移、多方参与、学校改进和自主办学等。其中，在多方参与方面，主要体现为学校在进行各项活动，包括学校发展规划的制订与实施过程中，不仅应有学校管理者、专家或学者的参与，还强调上级主管部门、教师、家长、社区代表、学生代表等的参与，从而做到群策群力、共同发展。

1. 管理者参与规划制订

对于学校发展规划而言，起主导作用的主要是规划的决策者，即学校管理者，他们对于学校发展规划的制订、实施享有最终的决策权。因此，作为学校领导集体的关键人物、作为促进学校发展的引领者，学校管理者对学校性质的理解、对学校未来发展的把握和判断，都将对学校发展规划的制订及实施产生极为重要的影响。因此，在学校发展规划的制订过程中，校长及其他学校管理者需要加强学习、不断更新理念，扮演好"教育理想的实践者、权力意识的淡化者、终身学习的先行者、教育规律的探索者、校园文化的设计者、教师才华的欣赏者、学生发展的促进者、教育资源的开发者，以及多方关系的协调者等角色"，① 充分发挥领导集体在学校发展规划制订、实施中的统筹和引领作用。

同时，在制订学校发展规划的过程中，管理者作为学校发展规划的决策者，还应注意：第一，学校发展规划制订的方式是多种多样的，根据社会公众对于规划制订的介入程度不同，可以把学校发展规划的制订划分为两种形式：一种是"自上而下"的制订方式，另外一种是"自下而上"的制订方式。"自上而下"的制订方式，社会公众介入的程度比较低，多数情况下是在规划制订的最后阶段才开始介入的。而"自下而上"的制订方式，社会公众介入的程度比较高，并且在学校发展规划制订的最初阶段，社会公众就已经广泛地参与其中了。"自下而上"的制订方式，具有参与性与民主性的特征，而"自上而下"的制订方式，则具有垄断性与强制性的特征。学校发展规划究竟是以哪种方式来制订，主要是由规划的决策者群体，即学校管理者领导群体来决定的。特别提示的是，在目前的中国学校管理中，两种方式一般均需使用，更应该注意"自下而上"方式的采用。第二，规划制订主体主要是由学校管理者决定的。学校管理者对其他主体进行选择的时候，主要遵循两项原则：一是经验性原则；二是自爱与个人幸福的原则。经验、自爱与个人幸福，不仅影响着学校管理者对于其他主体的选择，而且还会影响到规划决策者很多方面的实践行动。② 正是由于受经验、自爱以及个人幸福原则的影响，所以导致了规划决策者的行动常常会拒绝同规划研究者之间进行民主共商，这样就有可能会导致在

---

① 张新平，褚宏启．教育管理学通论[M]．北京：高等教育出版社，2012：392．
② 苏君阳．知识冲突与教育发展规划的制定[J]．北京师范大学（社会科学版），2006(6)：6．

公共理性建构过程中一种难以控制与约束的强权现象的发生。

2. 专家、研究者参与规划制订

学校发展规划的制订离不开教育领域的专业指导，可以说，学校发展规划制订是一项专业性很强的活动，其制订需要借助教育研究者的力量，发挥其在学校发展规划中的专业指导、支持、咨询和引领作用。专家和研究者主要由高等院校及有关科研院所的教师和研究人员组成，他们不仅具有敏锐的科研思维和多元的分析问题的视角，而且还具有丰富的学校发展规划方面的专业知识，对教育发展的前沿问题和动态能够较为准确地把握。因此，专家和研究者参与学校发展规划的制订工作，有利于诊断和分析学校发展中存在的问题，并帮助学校对未来发展进行明确的定位，帮助学校厘清未来的发展思路、发展内容。

但需要注意的是，当学校发展规划制订中聘请的专家和研究者失去了自己独立判断的理性之后，或者说，当专家和研究者站在受雇的立场上考虑问题、处理问题时，那么规划的制订就有可能被规划决策者，即学校管理者所买断、所控制，从而使得规划的制订逐渐演变为决策者实现自身利益、可以进行操控的平台或工具。

3. 家长、社区参与规划制订

家长和社区作为学校发展的利益相关者，他们也能为学校在制订发展规划的过程中提供相关的政策建议、必要的信息以及资源支持等，同时也能在日常的生活中协助学校维护其正常运转、促进其健康发展。因此，学校发展规划的制订离不开他们的参与与合作，应将家长和社区看作学校管理、教育教学、科研等的重要合作者和支持者，在学校发展规划的制订中，发挥他们提供信息资料、营造舆论氛围、捐献资源等方面的作用。

　　受一个国家政治体制的影响，西方发达国家从实行校本管理以来，就注意到学校内部的权力制衡问题，它们强调家长参与学校决策的重要影响和作用，很多地区的学校都组织家长参加学校管理的机构——学校理事会。比如，美国某县的学校理事会有校长、工会代表、教师、学生代表、家长代表、职员代表参加，有的学校理事会成员多达30人。芝加哥每所学校都成立了一个地方学校理事会，包括6名家长、2名教师、2名社会代表、1名学生，共11人。理事会决策权力很大，学校预算、发展规划、考试方案、课程材料选择、教师聘任乃至校长任免等都由理事会决定。1990年新校长聘任过程中，276所学校中的49名校长被理事会解聘，30名校长改任教师。英国1988年制定的《教育改革法》也明确规定：由校长、教师、教育局代表、学生家长和社会代表组成的学校管理委员会，参与学校重要问题决策，其中家长和当地社区代表占60%。[1]

　　此外，在学校发展规划的制订过程中，还应注意在观念上的转变，学校管理者及学校的教师极易以教育专家的身份自居，难以听取家长、社区公众对于学校教育方面的意见和建议。学校是承担人才培养功能的主要机构，家长、社区参与学校管理难免有外行、不熟悉、认识模糊、其知识不占主流地位等的问题，但学校人员以教育专家自居、听不进他人的声音则不可取，因为这样做难以深入感知家长、社区人员对学校发展、教育教学、现有管理的意见及建议，这种观念给学校和社区的沟通和合作将会带来不利的影响。其次，学校与社区的关系受突发事件、事故的影响比较大，在学校未与家长、社区形成良

---

　　① 谌启标，柳国辉．美国中小学的"校本管理"改革方案探略[J]．比较教育研究，1999(4)：20．

性互动关系的情况下，如果学校发生了危机，比如地震、洪水、师生安全事故等，学校就不会那么容易得到家长、社区大众的信任与全力支持，显然，这方面需要引起校长等学校管理者的高度关注，因为即使是在发展规划制订中达成了良好的关系，也可能因为一些事件或事故失去家长和社区的信任。

4. 教师、学生参与规划制订

学校发展规划的制订离不开学校教师和学生的共同参与。从教师方面来看，教师是学校发展中的重要主体，他们对学校的过去、现在存在的问题，特别是学校的核心竞争力——教育教学状况，都有非常深刻的体验、理解和思考，他们不仅能为学校发展规划的制订提供真实、具体、丰富的信息，为分析学校的现状、解决存在的问题、明确具体的抓手等提出富有建设性的意见与建议，而且，也应该选出代表并以学校发展委员会成员或制订学校发展规划小组成员的身份，自始至终参与到学校发展规划的制订及实施过程之中。

从学生方面来看，学生是学校重要的教育教学对象和学校教育各项工作的出发点，学校发展规划的最终目标是为了促进他们全面、健康、个性、可持续的发展，使他们成为社会的公民、有用之才。针对多年来学生在教育教学中主体性被压抑、兴趣被忽视、爱好被剥夺等的问题，在学校发展规划制订过程中，也需要使他们的代表真正参与其中，并使每一位参与者积极、主动表达自己的意见和建议，从而使学校发展规划起到应有的作用。这也是多年来联合国儿童基金会一直倡导并在欧美国家的学校教育教学中实施的"在学校管理中强调学生视角"的根本原因。

然而，教师参与学校决策的程度，却是一个值得探讨的问题。弗鲁姆和耶顿为此提出了"规则模式"，试图用两个规则来解决如何提高决策水平和决策的可接受性问题。第一个规则认为，决策要求高时，管理者缺乏能力，有必要让教师参与决策；但如果认为教师会做出与学校目标不符的决策时，就要避免让教师参与决策；第二个规则认为，当教师对决策的接受非常重要时，而管理者不能确定自己的决策是否会被教师所接受时，就应该让教师参与决策，以便消除教师的敌对情绪。如果教师认为决策的结果很重要，而决策本身的好坏并不重要，可集体讨论后由管理者决定。如果确定教师有较高的相关知识，并确信教师能够做出和学校目标一致的决策时，就可以由教师来参与决策。我国有学者也认为，中小学教师普遍有参与决策的期望与要求，但实际参与决策的程度却很低。①

四、小结

学校发展规划的理论基础主要是目标管理理论、组织生命周期理论和校本管理理论。这三个理论之间并非相互排斥，而是相互联系、一脉相承的。学校的发展是按照时间进行的，处于不同时期的学校，在发展规划的制订过程中都有着不同的任务和目标。在制订学校发展规划的过程中，尽管不同的学校处于不同的时期、有着不同的任务导向，但是在制订发展规划的过程中首先应遵循的就是目标管理的思想，即针对学校的特点和发展状况，制订总目标，然后根据总目标，具体细分和分解，在不同的方面有针对性地制订分目标，而各级各类分目标的制订，又依据学校发展阶段、程度的不同而确定。可以说，

---

① 陈大超，刘兴春．褚宏启．普通中小学教师参与学校决策的调查研究[M]．北京：教育科学出版社，2004：187.

目标管理理论和组织生命周期理论是相互依存、相互联系、相互制约的。其次，对于任何发展阶段所制订的各类学校发展目标而言，学校管理者都应本着校本管理的思想去践行学校发展规划的制订，应将发展规划的制订权下放，让专家、研究者、家长代表、社区代表、教师代表、学生代表等各个利益群体，都参与到学校发展规划的制订过程中来，畅所欲言、共谋发展大计，并最终认同、自觉践行其要求，实现发展愿景。

第二节　学校发展规划制订的原则

一、从学校实际出发原则

在学校发展规划的制订过程中，首先应遵循从学校实际情况出发的原则。发展规划要建立在对学校自身核心竞争力和比较优势的认知、培育的基础上。作为学校管理者，要想清楚地认知自身的核心竞争力，就需要首先对学校的现状做出系统、深刻的分析，明确在同一地区、同类学校中所处的相对位置，也就是说，要找准参照坐标或竞争对象。只有找准参照坐标，才能进一步明确未来的努力方向和发展水平。现状分析要求对学校自身内部的优势及劣势、外部的机遇及挑战等有清醒、理性的判断，这一点对于发展规划的制订尤其重要。现状分析一般从学校的位置、规模、管理、教学、科研、师资等领域入手，比如：分类统计管理中存在的问题、教师数量及结构、在校生人数与结构、图书资料类别与结构等，同时与有关学校做比较，并在此基础上对学校的人才培养质量和为经济、社会服务的能力进行纵向、横向可比性的分析，从而获得对学校的发展水平、阶段和发展要素的准确认知。在此基础上，才能充分认识核心竞争力之所在，才能够在制订学校发展规划时抓住主要矛盾或解决主要问题，处理好重点与非重点之间的关系。

同时，学校教育作为一项投资，也需要追求效益。从某种意义上说，制订学校发展规划就是为了合理配置学校资源，获取尽可能多的效益。因此，在进行学校发展规划制订的过程中应首先了解学校的实际情况后整合配置、优化组合各种资源，用有限的财力、物力、人力办学校，将更具有重要的现实意义。而提高教育投资效益的根本目的，就在于通过提高学校管理者的管理能力，促进学校各个方面的发展，如提升教学、科研实力等，多出人才、出好人才。单从投资的角度来看，主要应避免两种浪费，即人力资源浪费和结构性浪费。避免人力资源浪费，就需要在规划中制订合理的编制标准，确定每一位教师应负担的学生数、教学或其他工作的基本要求，精简机构和人员；避免结构性浪费就要调整未来学校的管理、教学和科研结构，使其更合理、科学，力争在小而精的基础上，获得更大的投资效益。这些都需要学校管理者认真思考，贯彻在规划制订之中。

二、全员参与原则

对学校发展规划的制订主体而言，规划的制订需要全员齐心协力地参与，这也是校本管理的重要要求之一。学校发展是学校内外因素共同作用的结果，是由学校多元主体合理互动、共同作用下而促成的。学校发展的水平、速度、程度等，都与学校各方人员的协同作用息息相关。因此，学校的发展，以及对未来的规划，不仅与学校上级管理部门、学校管理者相关，同时也与学校的教师、学生、家长、社区等主体有着密切的联系。学校发展规划作为引领与目标，是学校发展各项工作的指南和方向，要想真正发挥规划的作用，就要号召各个利益群体的代表参与制订学校发展规划的全过程，齐心合力，共同完成。

当前，学校发展规划的制订存在着一些认识上的误区。比如：学校发展规划仅由校长或者少数学校领导成员草拟和确定；学校发展规划是一种静态的、形式上的文本；学校发展规划没有什么用处；学校发展规划不能改变学校的管理，等等。正是由于这些认识，不仅不少学校管理者不重视、存在应付上级检查的心理，而且在学校发展规划实施过程中也受到各种各样的阻力，从而无法达到预期效果，影响了学校师生员工的工作积极性和学校发展目标的实现。鉴于上述问题，结合我们的研究，需特别注意如下三点。

第一，学校发展规划制订要充分发挥校长的引领、鼓励、支持作用。作为一所学校的灵魂，校长对学校的领导首先就是对学校教育思想的领导，校长的办学理念、教育思想影响着学校的办学方向，学校的未来。校长的思想不仅体现了校长对教育的理解和长远追求，而且也体现了校长对学校未来发展的判断和把握，这些都是学校发展规划的思想基础、理念基础。因此，在制订发展规划的过程中要充分发挥校长对学校思想、学校长远发展的引领作用，从而真正带领全校教职员工去创办一所他们心目中的优质学校。

第二，学校发展规划制订要充分尊重教师的意见与建议。教师是学校发展的主力军、学校核心工作的主要实施者，他们对学校现状的体会与了解、对学校发展愿景的认同与认知都具有重要作用。如果说校长、书记等学校领导班子成员是从学校发展的宏观、中观层面上把握学校发展方向、落实发展目标的话，那么教师则是从学校发展的微观层面上践行发展目标、做出自己贡献的。因此，学校发展规划的制订，不仅要调动全体教师的参与，更需要每一位教师在具体的工作实践中围绕学校发展目标贡献自己的才华。我们知道，学校发展包括学生的发展和教师的发展，学校发展目标必须与学生发展目标、教师发展目标一致。教师能否认同和接受学校的发展目标，需要学校上上下下共同深入讨论、多次反复，讨论过程就是学习的过程、完善的过程，就是认识被接受并提升的过程。只有在大家讨论的基础上形成的学校发展规划，才能从真正意义上被学校全体师生所接受，在讨论达成共识的过程中，凝聚学校的人心、凝聚大家的智慧。经过讨论认同后的学校发展规划也能减少实施过程中的阻力，保障规划的实施效果。

第三，制订规划还需要家长、社区代表的参与。学校发展规划是在 20 世纪 80 年代从国外引进的，对于如何更好地制订学校发展规划、在制订规划过程中应该注意什么，欧美国家的经验一再强调要注重家长、社会代表的参与。这是因为，校长和教师身处于学校之中，对学校发展的优势和不足的分析可能不那么全面，对学校外部机遇与挑战的理解也可能不够深入、敏锐，有必要借助外界的力量来重新审视学校、评估未来发展。因此，邀请家长、社会代表对学校的发展现状进行诊断，帮助学校对未来的发展方向进行定位，帮助学校厘清未来的发展思路都是十分必要、不可或缺的。

可见，学校发展规划的制订应该是多方参与、共同合作的结晶。规划制订的过程是不同群体之间观点达成一致的过程，也是在利益平衡的基础上确定共同价值观和共同目标的过程。学校发展规划的制订不可能在短时间内完成，需要一段较长的时间，在制订学校发展规划的整个过程中，应该注重集思广益，充分听取上级主管部门、社区代表、相关学校代表、学生家长以及校内各个层面的意见，特别是不能忽视弱势群体或者处境不利人群的意见和建议。这是一个能真正发挥作用的学校发展规划制订的基本前提。[①]

三、前瞻性原则

学校发展规划的制订需要遵循前瞻性原则，即需要有超前和全局的眼光。学校发展规划是指向学校未来的，是对学校未来几年发展状态的预先设想，因此，学校发展规划要体现未来的洞察性、预见性。学校发展规划不仅关心学校发展的现有状况，更关心学校的未来走向，可以说，学校发展规划是在把握现状的基础上对学校未来发展的思考，学校管理者在带领全体师生员工制订学校发展规划时，要用战略性、发展型的眼光来看待学校的发展问题，使学校发展规划具有预见性。

当然，学校发展规划的前瞻性并不否定学校发展规划制订需要从实际出发的原则。前瞻性是要用未来的、预见性的、全局的、超前的眼光来看待学校的发展，这一切都是基于对学校现实状况的把握，其不能脱离学校发展的现实情境，也不是对现实的简单描述。从宏观角度来看，学校在制订发展规划时，要使学校的发展与未来社会走向和区域的政治、经济、文化、科技、人口等协调发展，适应社会发展的趋势与未来。学校发展既不能超越客观环境和社会经济发展条件，也不能落后于物质文明、精神文明建设的需要；同时，学校的规模、硬软件设施、发展速度、教学质量等都与外界的经济状况改变、社会变

---

① 练丽娟，叶丽娜，郭景扬.学校可持续发展之路：学校发展规划的制订与实例 [M].上海：学林出版社，2009：35.

迁、教育环境改变等密切联系。因此，学校发展规划的制订不能脱离客观的现实环境，不能脱离学校的现有水平，那些脱离实际、假大空的学校发展规划是不能促进学校发展的，同样道理，那些缺少前瞻性、谨小慎微的学校发展规划也无法发挥指导、引领和推动学校发展的作用，反而会影响学校发展的整体水平，致使学校丧失发展机遇，造成难以弥补的损失。因此，学校管理者在制订学校发展规划时一定要从长远发展考虑，以实现学校的自主发展为指导，以学生成长为着眼点，设计出具有前瞻性的学校发展规划。

四、可持续发展原则

承继上文，学校发展规划的制订除必须遵循从学校实际出发、全员参与、前瞻性原则之外，还应遵循可持续发展原则。学校发展规划是持续行动的过程，制订的过程不仅仅是提出学校发展的目标或设想，创设学校发展蓝图的过程，更应是通过制订、实施和评价的系列活动与过程，激励并联合社会各界力量，不断改进学校的硬件和软件，改善学校的管理、教学和科研工作，并在长期、持续、自觉的行动过程中，调动校内外各种积极因素，逐步开发学校及其所在社区的各种资源，发挥学校和社区的潜能，努力将学校组织的共同愿景一步步转化为现实。① 因此，要想使学校发展规划能够长期、可持续的发挥应有的作用，规划的制订就必须从长计议，切实可行，注重可操作性。学校管理者在制订学校发展规划的过程中应带领师生员工共同参与、合理分工、明确任务，使学校发展的各项工作都按照规划的内容

---

① 楚江亭.学校发展规划：内涵、特征及模式转变[J].教育研究，2008(2)：83.

完整展开并得到落实。

在现实的学校管理中，有些学校尽管制订了具有创新性的学校发展规划，但这些规划却没有结出硕果、产生预期的成效，尽管原因很多，但一个重要的原因就是规划不具有可持续性，缺少实现创新目标所需要的连贯的、具有可操作性的实施策略、途径及程序。正如传统的学校发展规划，一厢情愿地编制详细的发展目标和工作安排，而没有考虑到作为复杂系统的学校特别需要可持续性，以及在发展过程中将会遇到的诸多未知、不确定因素，正基于此，必须高度重视可持续性原则。

还需注意的是，学校发展规划是根据学校发展目标确定未来3~5年内需要重点发展的领域，提高未来学校在这些领域方面的发展能力，它不是一个细节的操作规划，而是既含有长期的对学校重要领域能力提升与改善的规划，又有短期的操作要求与实施方法的发展规划。学校发展规划与学校工作计划是有显著区别的。任何一种规划都是为制订计划提供指导和基础的。学校发展规划与计划是两个既有联系又有区别的概念。现代学校发展规划是比较长远的发展计划，是确定未来较长一段时间内学校发展的总方向、大目标、主要战略步骤和重大举措；而学校计划是管理者在行动之前预先拟订的具体内容和步骤，包括对这些具体内容的定性说明和对步骤的时间规定等。相对现代学校发展规划而言，学校计划涉及的范围小、时间短，内容较具体。① 现代学校发展规划是一种战略性的全局性的方案，是给学校计划提供理念、目标、方向的一个总体设想，具有可持续性。而学校计

---

① 练丽娟，叶丽娜，郭景扬. 学校课持续发展之路：学校发展规划的制订与实例[M]. 上海：学林出版社，2009：33.

划则是在学校发展规划的指导下有关具体行动安排的方案。学校发展规划应该比学校计划具有更高的着眼点，具有更大的影响力。因此，在制订学校发展规划时，需要对所规划的学校系统结构进行科学分析，既要提出具有可持续性、可预见性的学校未来发展的总体设计，也要体现相应的指标体系，有具体、可以量化的评估反馈流程，有完善的组织体系，有健全的学校制度保障等。

第四章　学校发展规划的制订方法

第一节　制订前的准备工作

一、成立学校发展管理委员会

为了保证学校发展规划的制订、实施，以及执行情况的监督反馈等工作的顺利开展，建立组织结构合理、工作有效的"学校发展管理委员会"十分必要。学校发展管理委员会的主要职责是参与学校发展规划的制订和实施，对学校发展规划的制订及实施过程进行监督、检查、指导和评估。学校发展管理委员会一般由 10 人左右组成，其成员主要来自与学校发展密切相关的各个利益群体，如上级管理部门的代表，社区行政管理部门的代表，社区居民代表，社区内相关企事业、科研院所等机构的代表，学校内部如校长、中层干部、教职工代表、家长代表、学生代表等。原则上要求学校发展管理委员会的成员中至少要有两名女性代表，且其中一名最好为女性社区代表。委员会设主任 1 名，一般由校长担任，副主任 1～2 名(可视学校及社区规模而定）。主任的职责主要包括：定期召开会议、汇报学校规划制订及实施情况、听取其他成员的意见和建议、执行委员会表决通过的各项决定以及对学校发展规划制订与实施过程进行监测和评估；副主任的职责是协助、支持主任完成委员会的各项工作；委员会其他成员的职责是不仅亲身参与学校发展规划制订及实施过程，而且也要听取校长对学校发展规划制订及实施情况的汇报，提出相应的意见和建议，并对学校发展的重大决策进行表决，对学校发展规划的制订与执行情况进行监督与评估。

学校发展管理委员会要定期召开会议，一般两周一次，两个月为一个周期。在回顾前一阶段学校发展规划制订情况的基础上，进一步分析存在的问题和原因，并提出相应的改进措施。每次会议需要有明确的议题，并做好详细的备忘录。

表 4-1　学校发展管理委员会成员名单

职　务	姓　　名	性别	民族	文化程度	职业	电话	地址
主　任							
副主任							
成员							

二、宣传动员及培训

(一)宣传动员及社区大会

由于学校发展规划在理念、内容、制订流程以及实施的技术要求上，都不同于传统学校计划，因而，对于学校及所在社区而言，不仅要有一个认识和心理上的准备、适应过程，同时更需要专业层面上的技术支持或必要的培训。在准备、适应阶段，广泛开展有效的宣传动员活动及专业培训显得尤为重要。

宣传动员的方式多种多样，各学校可以根据当地的实际情况，采用当地喜闻乐见的形式，比如可通过广播、墙报、文件、传单、标语、动员大会等广泛宣传、发动，向广大社区群众、教师、家长及学生说明学校发展规划的概念、意义及作用，做到人人知晓、家家清楚、户户关心，并形成一种重要的声势和有利于学校发展的舆论环境。宣传动员工作做得越到位，后续工作的开展就越顺利。该工作不仅要在开局时候做，还要根据不同阶段的状况经常进行，如此有利于学校发展规划的理念深入人心、获得广泛认同。

由于召开社区动员大会涉及较广的人员覆盖及相关程序性事宜，本节重点介绍社区大会的宣传方式。社区大会的功能是搭建学校与社区之间宣传、沟通、交流的平台，在学校发展规划制订与实施的不同阶段，社区大会召开的目的、主题、内容也不尽相同。在开始阶段，召开社区大会的主要目的是就学校发展规划的目的、内涵及相关理念进行广泛宣传，做好动员、调动工作，同时，就学校现状、问题解决，以及未来发展前景等广泛听取社区人员的意见与建议。而在学校发展规划的实施、评估阶段，其主题则围绕规划的主要任务、人员分工、团队合作、工作落实状况等而展开，并不断纠正偏差、完善措施，促进阶段目标的实现（这一部分在后面章节中将主要介绍）。

由于学校所处具体社区的实际情况千差万别，因此，召开社区大会并没有固定的模式。根据以往社区大会的经验，其程序一般包括以下几个部分。

第一，发放邀请函。确定好参与人员后，发放正式的邀请函，明确时间、地点、会议程序等，或电话、邮件等通知到本人。

第二，指定专人负责会务工作。提前准备、布置好会场，并派专人负责会场的接待、引导工作。

第三，会议一般安排是：前半段，校长（或学校主要领导）宣讲学校发展规划的理念、目的、内容、主要策略等，后半段将社区人员分组（10人左右一组），发放大白纸、白板笔书写大家的意见及建议。

第四，安排各小组推举发言人发言，阐明本组观点、想法。主持人引导所有人员打破拘束、畅所欲言，倾听各种不同的声音。主持人提示发言人重复的内容不讲，以节省时间。

第五，主持人简要概括大家的发言、本次会议的共识，说明对学校发展规划将要做的修改与完善。并对大家的参与表示感谢。

一般而言，社区大会的规模以60～120人以内为最佳，参与者所代表的群体应多样化，各个利益相关者群体都应有代表参加。会议的具体时间和地点，由学校根据教育教学安排情况具体确定。为了使社区大会开得有条不紊、取得良好效果，学校还需要重点做好以下几个方面的工作。

第一，要确定好大会的规模、时间、地点，布置好会场、准备好会标，准备好扩音器、照相机等设备。

第二，要用书面(邀请函)或口头形式(电话等)通知已确定的代表参会，也可通过学生通知或社区委员会通知，也可以派专人通知。

第三，要安排好大会主持人、记录人，以及小组记录人等，确定好会议议程。

第四，需要特别关注弱势群体的参与，必要时可以进行单独分组，或鼓励他们书写出自己的意见与想法，避免歧视、忽视等现象的发生。

第五，社区大会前准备好必要的参会人员登记表、学校发展规划完整本文、访谈提纲、草稿纸等。

(二)学校发展规划培训

培训工作是整个学校发展规划制订和实施的关键，培训效果的好坏直接决定学校发展规划文本的制订及实施效果。培训一般包括两个部分：首先是学校的校长或部分教师先行接受培训或自学，通过培训或自学全面接受和掌握学校发展规划的理念、内容和重要技术；其次是校长和骨干教师回到本校对全体教师及相关人员再进行培训、辅导。

由于对学校发展规划(SDP)的理念、技术等比较陌生，不容易被迅速理解和接受，因此，建议校长和其他学校管理者一起组成骨干小组，先进行学习和研究，在深刻理解学校发展规划的理念、内容，充分掌握其技术、操作程序的基础上，组织全校教师和社区群众进行系统的以学校发展规划为主要内容的培训和学习。这样的培训不一定要一次完成，可分不同阶段、分期进行，而且培训也不应局限于学校发展规划的初期准备阶段，也可以在规划初步形成后、实施过程中有针对性的进行。培训形式可以灵活多样，避免授受式的说教，建议采用互动、研讨式，使之成为校本教研或校本研修的一个重要内容。通过培训不单让教师们了解其意义、理念，掌握学校发展规划的相关技术、方法，更重要的是让教师们能理解、接纳并认同学校发展规划，成为行动的指南，使他们愿意并自觉参与到学校发展的全过程之中，成为学校管理的主人，促进学校发展。

三、拟订行动日程表

在学校的教职员工经过前期的培训，对学校发展规划制订和实施过程中的理念和技术要求有了较为深刻的理解之后，学校就应该组建发展管理委员会，同时，进行校内及社区的宣传和动员工作，并需要拟订一份详细的行动日程表，确定规划的每项工作所涉及的活动顺序、时间限定和具体负责人，以保证各项活动保质保量、按时完成。

以下表格和内容可供参考：

表 4-2　制订和实施学校发展规划日程表(样例)

工作内容	起止时间	负责人	所需资源
组建学校发展管理委员会		校　长	
学校内宣传动员及培训工作：教师培训、师生大会、主题班会等		管委会成员	培训教材、宣传手册及资料等
准备召开社区大会，向社区广泛宣传项目和制定学校发展规划的意义和内容(对社区不同层次和民族的人士代表进行访谈)		管委会成员	培训教材、宣传手册及资料等
根据《学校发展水平自我监测评估指标》对学校现状进行自我评估及内外部环境进行扫描		全体教职员工及相关群体代表	《学校发展水平自我监测评估指标》
撰写学校发展规划文本初稿		校长	
修改文本		校长	
准备文本答辩		校长	
组织文本答辩		上级主管部门	

工作内容	起止时间	负责人	所需资源
修订文本		校长	
送上级部门审批		校长	
开始实施文本		校长	
对学校发展规划的定期监测和评估		管委会及上级主管部门	
回顾总结经验，准备第二年计划的行动计划等		校长	

（备注：本表是举例，学校可以根据实际情况自主拟订）

第二节 现状分析

一、社区及校内征询意见

（一）广泛征询意见的重要性

为了能够制订出切实可行、行之有效的学校发展规划，非常关键的一步就是要充分发动社区成员和学校师生积极有效地参与到制订过程之中。其主要任务是就学校未来三到五年的发展愿景、有关量化指标、遇到的问题，特别是第一年的具体发展目标、主要任务、发展策略等广泛征求意见，收集信息，并将这些信息、意见、建议等经过提炼整理，翔实反映在学校发展规划的文本之中。通过充分交流，学校师生员工与上级管理部门、家长、社区群众等进行坦诚的研讨、信息交流、情感沟通，了解大家的意见及看法，表达学校发展的意愿和努力，争取各方面的支持，达成发展共识。相对于以往制订学校发展规划的做法，上述工作是最容易被忽视或忽略的。由于工作量比较大，各个群体人员的意见不一致，甚至有借机发牢骚、起哄等现象，需要学校管理者、师生员工等表现出极大的耐心和诚意，尤其是第一次做学校发展规划的时候，应对"工作难开展""冷嘲热讽"等有充分的思想准备。有些学校不愿做这一工作，也有些学校为了回避这一工作而偷工减料，省略了许多征求意见的过程，丧失了很多真实、富有重要意义的信息，这些做法都是不可取的。欧美国家实施学校发展规划的成功经验，也告诉我们充分征求各个群体的意见及建议，对于规划发挥应有的作用、起到实际的效果都是十分关键、必不可少的。实际上，充分征求各个群体的意见及建议的过程，就是一个发动群众、达成共识、获得认同的过程。从一定意义上说，能否真正做到广泛参与、听取社区成员真实的声音，特别是听取那些处境不利群体的意见及看法，往往在很大程度上影响着学校发展规划的制订、实施的成效。

欧美国家实施学校发展规划的成功经验还表明，征求社区群众各方面的意见之前需要调动教师和学生的积极性，动员师生参与到制订学校发展规划的各项宣传活动之中，事先可印发一些文字宣传材料予以发放，充分发动家长和社区人士，让他们有心理准备，也可采用其他的方式方法，比如问卷调查、访谈、召开座谈会等。农村学校还可以采取符合当地风俗习惯的其他有效方式来进行，如走家串户、到田间地头、利用赶集的机会等。无论采用何种方式，在着手广泛征求社区成员的意见之前，学校都需要认真筹划、通盘考虑。学校还要做好相关的计划安排、有关材料、物品准备等，征求社区群众对学校发展的意见，先要明确哪些社区成员应该参与制订学校发展规划，比如，社区人员可分成哪几类，哪些人群过去不受重视，把社区群众分成农民、工人、干部、企业主、个体户、贫困家庭、孩子没有上学或辍学的家庭、少数民族、宗教人士是否合适？选出每个类别具有代表性的人士进行有针对性的问卷调查、个别访谈或小型座谈会时，应该注意什么，对于不发言的群体代表，应该如何办，同时，还要特别注意征求女性成员和弱势群体代表的意见。

因此，本阶段在开展工作时，要尽量如实登记社区和师生员工所表达的信息，做好原始记录，先不要焦急对信息进行删减，尽量保持采集信息的真实性、原始性和广泛性。社区或师生员工的有些信息或提出的意见，不一定有实质性的用途，甚至有个别人的怨言和牢骚，但也要受到应有的重视和关注。本阶段的工作除了要取得广泛性的信息、意见及建议外，发现学校问题之所在、找到学校发展的优势及劣势、学会处理学校的公共关系、发现各个群体的代表性人物，以及使师生员工经历、体验这一过程，都是我们所积极倡导的。

(二)相关技术方法

为了配合本阶段的工作，采集到有用的信息、确保各项工作的有效性，可以采用相关的技术及方法，如访谈、倾听、头脑风暴、社区地图等。

1. 访谈

• 什么是访谈

访谈是指在制订学校发展规划的过程中，通过面谈、口问的形式来收集信息的一种方法。这是征求意见过程中经常使用的方法之一，其比较方便、易行，形式多样、不受限制。

• 访谈的类型

在制订学校发展规划的过程中，基于访谈对象、目的、内容等的不同，访谈的方式也有所区别。根据被访谈对象人数的多少来划分，可分为群体访谈和个别访谈；从搜集资料的内容来分，可分为一般访谈和深度访谈等。

• 访谈的特点

一般认为，访谈具有灵活性强、适用范围广等特点。灵活性强，是指可根据被访谈人的文化背景、性别、职业、爱好、工作状态、当地民俗、饮食习惯等多元特征，采用不同的访谈形式、访谈内容，从而达到访谈的目的。适用范围广，是指只要没有语言障碍，任何人都可以作为被访谈的对象，且一般不受地域空间的限制。另外，访谈还具有主体性发挥、可控制及调节等特点，主要是指访谈者在访谈过程中能够很好地发挥自己的主体性，也可以调节谈话氛围、控制节奏等。如访谈者在访谈过程中，可以根据被访谈者的具体情况控制提问次序、谈话内容和谈话节奏等。

• 访谈的过程

完整的访谈过程，一般而言，主要包括：预约、建立友好融洽的关系、实际访谈、告别四个基本环节。

(1)预约。这是访谈的首要环节，就是提前与访谈对象约定访谈的时间和地点。可通过让学生捎话、带纸条、打电话或发邮件等方式进行。

(2)建立友好融洽的关系。这是访谈前必须关注的环节，也是要求访谈者必须做到的。在一般情况下，大多数社区群众对来访者都能以礼相待、坦露实情，但也可能使他们产生戒备心理，出现不信任、不合作等状况，显然，这就给访谈带来一定的困难，直接影响访谈质量。

(3)实际访谈。在这个环节，访谈者要紧密围绕访谈提纲中的要点展开访谈，并注意以下五点：一是要耐心倾听被访谈者的谈话；二是要注意自己的访谈语言，不能用太多的专业术语，或者说得太抽象，一定要通俗易懂、简明扼要；三是要按一定的顺序提问，并要注意所提的问题一定要具体，不能"大而空"；四是要善于从被访谈者的谈话中捕捉有用信息，进行适当追问，发现埋藏在某些表面现象后的实质问题；五是要始终采取公正的立场，不要因为自己的认识倾向而影响到被访谈者的回答，同时还要注意不能给被访谈者任何暗示或有倾向的提示。

（4）告别。这是访谈的最后一个环节，也非常必要。访谈结束时，应真诚地感谢对方的积极配合、有效回答，如此，不仅会给对方留下一个良好的印象，而且为召开社区大会使更多的代表参与学校发展规划制定，打下坚实的基础。

· 访谈的技巧

为确保访谈的成功，要注意选择好合适的环境、地点，注意营造愉悦、轻松的谈话氛围。要找到一个合适的突破口，再进行交流。一般来说，对不熟悉的人，单刀直入、直奔主题的方式并非最佳，可以通过前期了解找一个对方感兴趣的话题或事件作为切入点，激发其表达欲、倾诉欲，使对方进入角色，并逐步兴奋起来。另外，要有意识地控制谈话节奏及核心主题，不能任由对方天马行空、总是跑题。尽管有时是"曲径"，最终得以"通幽"，也需要及时有效地引导。在访谈过程中，要敏感且善解人意，对访谈对象不同的情绪、意思、细微的心理变化、语言表达、表情反应等随时察觉，并做出相应的回应。要善于追问，挖掘事件、故事背后隐含的内容，语言中的深层含义，肢体动作所反映出的暗示意义等。一方面，要引导、启发对方逐步深入；另一方面要善于思考，结合对方性格特点及文化背景，进行深度挖掘，捕捉到更多有用信息或发现新的问题。

· 访谈提纲

访谈不同的人或人群时，需要准备不同的、有针对性的访谈提纲，这是成功进行访谈所必需的。在具体访谈时，可以不局限于这些问题，应根据学校实际情况设计问题。同时，要注意提纲内容尽量涉及学校发展规划的问题、主要要素等（如目标、人、财、物、学生发展、教师满意度、学校制度等）方面的问题。下面所列举的例子，可供借鉴。

"学生组访谈提纲"：

——你喜欢上课吗？你喜欢什么样的教学方式？对哪些学科感兴趣？

——什么样的老师是你心目中的好老师？给你上课的教师中你喜欢谁？为什么？

——你喜欢你们班级吗？你对哪些方面比较满意？最不满意的是什么？

——你心目中的好学校是什么样的？学校还应做好哪些方面的事？

——你觉得学校助学金发放得公开、公平吗？

——你认为学校组织的课外活动怎样？你是否积极参加？有何建议？

——老师布置的作业多不多？能按时完成吗？难不难？

——你在学校最感兴趣的是什么？最不感兴趣的是什么？

——你参与过学校、班级组织的什么活动？有什么感受？

——你平时与同学的关系怎样？

——你对学习有没有信心？为什么？

2. 倾听

倾听是一种交流信息的重要手段，不是一般的"听"，而是重视学校发展规划的制订及执行，是尊重对方、用心交流。倾听也是一种艺术，是访谈深入进行下去的关键。英国政治家丘吉尔曾说过："站起来发言需要勇气，而坐下来倾听需要的也是勇气。"希腊有位哲学家也说过："上天赋予我们一个舌头，却赐予我们一双耳朵，所以我们从别人那儿听到的话，可能比我们说出的话多两倍。"可见倾听也是非常重要的。

可能有人会觉得只要不是听力有问题的人，每个人都会倾听。其实不然，倾听与一般的听有很大的区别。真正有效的倾听需要做到以下几点：

• 面带微笑。发自内心的微笑和眼睛中流露出的热情，是一种无声的语言，可以改善你与被访谈者之间的关系；全身都要注意面向说话者，和他保持目光的接触、心灵的沟通；要以你的姿势和手势证明你在专心的听，在听的过程中要向对方表达出理解、赞许、重复一遍、有疑问、请分析一下等的态度，而不是一般的点头或"嗯""啊"来回应。

• 要听出弦外之音。人与人之间的对话，尤其是陌生人之间的对话，经常表面上说的是一回事，心里想的却是另外一回事。因此，访谈者要提前了解有关情况、熟悉背景状况，在认真听的同时，仔细观察对方的体态语言，如弯腰弓背、手臂交叉、跷脚、眼神不定、抽烟、有关手势等，同时，结合有关背景情况深入理解他说的是什么，到底表达什么深层含义或有什么话外之音。

• 不要以自我为中心，放弃预设的立场或妄自评断。这是妨碍访谈者成为有效倾听者的最大障碍之一。因为访谈者会不自觉地被自己的想法缠住，不断从对话中设法验证自己的观点或看法，而忽略别人的语言和非语言信息等，从而使访谈达不到预期的目的。

• 不随意打断被访谈者，注意适时追问。每个人都喜欢别人从头到尾安静地听完自己的话，而且更喜欢被引出有关话题，因此，不随意打断被访谈者的谈话，非常重要。当遇到重要内容、核心主题时，可在他说话结束时，适当地追问："为什么会这样？""啊，原来如此。那后来呢？""当时的情况就是这样？""要不这样会如何？""您再重复一遍好吗？"等。

除上述一些技巧外，还要注意可能影响倾听的其他因素。首先是访谈者及被访谈者的身体状况，身体不适就会影响一个人听的能力和他对说话者的注意程度；其次是访谈者及被访谈者的情绪、心理状态等。当然，还有访谈环境不安静、人多、电话多等都会影响访谈，这些都需要在具体的访谈时加以注意。

还应注意的是，笔记应客观、真实，如实呈现，否则也可能产生负作用。因为，当访谈者试图写下发言者所说的每一句话时，就不可避免地会漏掉一些内容，因为一般来说，发言者说话的速度比我们记录的速度要快。因此，访谈时，最后两个人或三个人一组，一人专门负责提问、倾听、录音，只记下重要的内容；另一人（或两人）专心记笔记，全部记录，以免漏掉有关内容。访谈结束后，访谈者应整理记录与录音等，最后完整呈现本次访谈的状况。

3. 提问

提问是指在访谈过程中为了获取更多信息而采用的一种方法，包括呈现问题、追问、反问、评价中再问等多种方式。访谈中所提问题的质量(或价值)、数量等，常常影响访谈的质量、价值。因此，重视问题的设计非常重要。在提问中应注意以下几点：

首先，提问必须要有明确的目的。特别是对社区群众提问时，一定要目的明确，不能脱离学校发展规划去随意交流，避免因谈论一些不重要、可有可无的话题而丧失提问的机会，浪费时间。

其次，选择的问题应是开放性的，而非封闭性的，要给对方留下足够的回答空间。封闭性提问重在收集数据信息，一般用于问卷之中，由于限定了答案，只能在有限的答案中进行选择。而开放性问题，不限制问题的答案，完全让人们根据自己的自然状况、习惯、喜好等，围绕谈话主题自由阐述、做出回答。开放性提问，可以使师生、社区群众等感到自然、畅所欲言，有助于访谈者了解更多有效的信息，同时，也使他们感到不受约束，体验到放松和愉快，也有助于双方进一步的沟通和交流。

一般情况下，开放性问题主要用描述句、疑问句、反义疑问句等来表达，其中一些疑问词用得最多，如"您如何评价……?""……怎么样?""如何……?""为什么……?"等。典型的问法，如"学校这样做，您觉得如何?""针对学校开展的高效教学，您觉得作为家长应做点什么?""您认为学校应该怎样发展?"等等。

另外，在提问中对访谈对象进一步追问也是十分重要的。可通过问"具体是什么意思""谁""在哪儿""怎么样"等，来获得被访谈者的真实看法，或更深入的回答。提问还可以了解别人的深入思考、对未来的设想，如有些问题可能容易回答，而另外一些可能需要被访谈者稍微或深入想一想，因此，提问可以促使人深入思考。比如：你对学校管理满意吗？你认为学校发展面临的最大问题是什么？学校中人和人的关系怎样？对这类问题的回答，都需要被访谈者进行思考、分析。

在制订学校发展规划的过程中倡导广泛征求意见，不是要知道人们想什么或需要什么，而且要知道他们为什么那样想、为什么需要某些东西。通过这些问题，学校管理者可以对师生、社区成员等各个群体的成员有更加深入的了解和认识，而了解的越多，就能更好地改善学校管理、改善教育教学方式，使学校更能向着大家认同的目标前进。

最后，提问时访谈者的态度一定要自然、诚恳，语言要文明、通俗易懂，并且要有自信，避免出现忌讳之语、咄咄逼人的态度。

4. 头脑风暴法

头脑风暴法(Brain Storming)，是一个外来词汇，简称 BS 法，又称智力激励法。它是由美国创造学家 A. F. 奥斯本于 1939 年首次提出，于 1953 年正式发表的一种激发创造性思维的方法。它是一种通过小型会议的组织形式，让所有参加者在自由愉快、畅所欲言的气氛中，自然交换想法或点子，并以此激发与会者的创意及灵感，使各种设想在相互碰撞中激起脑海"风暴"的过程。其原意是指，"突发性精神错乱"，表示精神病患者处于大脑失常状态的情形。

因此，头脑风暴法特别强调在自由自在、无拘无束、轻松愉快的氛围中自由畅谈，发表看法。在制订学校发展规划的过程中，要广泛向各类不同群体征求意见，一般用小型会议的组织形式，让他们在自由愉快、畅所欲言的气氛中，分析学校发展中存在的问题，对学校发展和管理提出意见和建议，帮助寻找解决问题的最好方法和有效途径。

• 头脑风暴法的操作程序如下。

(1)确定议题

好的头脑风暴法的应用，是从对问题的准确描述开始的。因此，会前主持人应确定一个议题、明确内容，使与会者清晰地知道要通过这次活动需要解决什么问题，同时，在讨论中不限制可能解决方案的范围。一般而言，比较具体的议题能使与会者较快产生设想，主持人也较容易掌握。

（2）会前准备

为了使头脑风暴法的效率更高、取得良好的效果，应在会前做一些准备工作。首先，会议组织者要对议题有充分的理解和认识，其次，要求有相关资料，如向与会者提供学校的基本情况，有条件的学校可以播放介绍学校和教师、学生生活的声像资料，使与会者了解与议题有关的背景材料和相关情况。最后，会场可做适当布置，座位宜排成圆环型、马蹄型或三角型，而非秧田型。在头脑风暴正式开始之前，还可以组织大家做一些沟通活动或破冰活动，提出一些激发创造力的问题，让大家积极思考，以活跃气氛、打破僵局，促进思维与沟通。

（3）确定人选

参加会议人员一般控制在 60 人以内，小组以 6～10 人为宜，也可略有增减（4～13 人）。与会者人数太多或太少，都不利于交流信息、激发思维，只有在特殊情况下，与会者的人数可不受上述限制。另外，在非研究项目活动中，小组成员最好有不同的背景，参会人员不宜有专家参与。

（4）明确分工

要选定一名主持人，1～2 名记录员。主持人的作用是在头脑风暴开始前重申讨论的议题和纪律，在会议进程中启发引导、掌握进程。记录员应将与会者的所有设想都及时编号，简要记录，最好写在黑板等醒目处，让与会者能够看清。记录员也应随时提出自己的设想，切忌持旁观态度。

（5）规定纪律

根据头脑风暴法的原则，可规定几条纪律，要求与会者遵守。如集中注意力、积极投入，不消极旁观，不私下议论，不要接打电话；发言要针对目标，开门见山、不客套，也不必做过多解释；与会者之间相互尊重、平等相待，切忌相互褒贬等。

（6）掌握时间

会议时间由主持人掌握，不宜在会前定死。一般来说，以几十分钟为宜。时间太短与会者难以畅所欲言，太长则容易产生疲劳感，影响会议效果。经验表明，创造性较强的设想一般在会议开始 10～15 分钟后逐渐产生，会议时间最好安排在 30～45 分钟之间。如果需要更长时间，应把议题分解成几个小问题分别进行专题讨论。

• 头脑风暴法的基本原则

首要原则是自由畅谈。让与会者在轻松自如的心理状态下，想到什么就说出来，不受任何条条框框限制，让思维自由驰骋。从不同角度、不同层次，大胆地展开想象，尽可能地标新立异、与众不同，提出独创性的想法。

其次是追求数量。头脑风暴法的目标是获得尽可能多的设想，追求数量是它的首要任务。参加会议的每个人都要抓紧时间积极思考，多提设想。至于设想的质量问题，可留到会后的处理阶段去解决。在某种意义上，设想的质量和数量密切相关，产生的设想越多，其中的创造性设想就可能越多，达到以量求质的目的。

再次是禁止批评。禁止批评是头脑风暴法应该遵循的一个重要原则。参加头脑风暴的每个人都不得对别人的设想提出批评意见，因为批评对创造性思维无疑会产生抑制作用。同时，发言人的自我批评也在禁止之列。有些人习惯于用一些自谦之词，这些自我批评性质的说法同样会破坏会场气氛，影响自由畅想。

复次是延迟评判。在头脑风暴时不对任何设想当场做出评价。既不能肯定某个设想，又不能否定某个设想，也不能对某个设想发表评论性的意见。所有评价和判断都要延迟到会议结束以后才能进行。这样做一方面是为了防止评判约束与会者的积极思维，破坏自由畅谈的有利气氛，另一方面是为了集中精力先开发设想，避免把应该在后阶段做的工作提前进行，影响创造性设想的大量产生。

最后是提炼设想。由于是举行集体讨论会，某一个人的"灵机一动"，可能会激发他人，产生更多的设想。与会者相互启发、彼此鼓励，巧妙地利用并改进他人的设想，可以不费气力提出很多新的想法。但有些设想不现实、不切合实际，需要进一步进行选择和取舍，还可以选取许多设想的可取之处，综合加工为一个新的更有效的设想。

5. 社区图

• 什么是社区图？

社区图是在访谈过程中通过参与方式由访谈对象所绘制的反映一个社区基本情况的地图。它不是严格意义上的地图，但可以反映任何参与绘制的成员认为重要的社区信息。

• 为什么画社区图？

社区图可以显示社区的教育、经济、文化状况及资源分布等信息，从而使学校管理者了解并深入思考：社区都用哪些资源、资源分布状况、交通状况、哪些资源需要开发、如何与社区共同开发这些资源、如何与社区实现双赢等。

画社区图本身不是目的，而是要通过这一过程与社区成员讨论学校教育问题、促进学校发展，它不仅可以帮助学校管理者获得基本的信息，而且可以探究社区成员对学校的看法和意见，从而达到征求意见、寻找解决办法、获得社区支持的目的。由于这一过程纯粹是一种视觉活动，即使参与者中有不识字的人也可以参与、提供信息。

• 如何画社区图？

访谈者可以先画出一个社区图的基本框架，再由访谈对象用简单明了的符号，在图中增添细节，如哪儿有道路、各种组织及机构、建筑物，哪儿住着什么人群、这些人群的特点是什么等。应该通过一系列的提问来边画图、边获得信息、边了解情况。例如：

——居委会在什么地方？

——你住在什么地方？

——学校在什么地方？

——派出所在哪里？

——周边有医院、卫生所吗？

——菜市场、邮局及超市等位置在哪里？

除了问这些基本的信息并用形象的符号描述出来外，还可以再问一些更深入的问题，并记录他们的反馈、建议。比如：

——您的孩子上学走的是哪条路？

——他要走多长时间？

——他们对学校有什么反应？

——他们对学校的教育教学如何深入社区有什么建议？

管理者要知道，画社区图是更加深入的访谈或讨论的一个部分，而不是一个与其他征求意见的活动互不相干的单纯画图活动。

二、环境扫描与分析

本阶段的任务就是将学校所处的内外部环境状况进行系统的扫描与分析，力图客观、真实呈现学校目前的现状，使校长等学校管理者充分了解学校面临的问题与困境、机遇与挑战，以期为更好地规划学校的发展做好信息、资源等方面的准备。

(一)外部环境扫描

学校的外部环境即学校组织存在的外部背景，它以嵌套形式包围着学校组织。嵌套的外层称为社会环境(society environment)，社会环境包括国家、省、市、区(县)层次的经济形势、社会文化因素、技术因素和政法因素等。在对社会环境的分类上，美国学者 Moehlman 曾提出过一个更加细致的划分方法，这个方法包括 14 个项目，具体包括以下几方面。

(1)人口的数量、质量、年龄结构和民族成分。

(2)社区与自然面貌，以及人们的空间观念。

(3)历史发展、文化评价和人们的实践观念。

(4)语言符号和信息交流系统。

(5)艺术与美学发展。

(6)人们的哲学观与价值取向。

(7)宗教信仰。

(8)社会结构，包括阶层、家庭结构、性别角色和社会规则。

(9)政府组织的组成、结构与运行。

(10)经济发展状况。

(11)运用技术手段对自然、人力资源的开发利用状况。

(12)科学发展与知识积累。

(13)保障人类身心健康的医疗条件。

(14)社会的社会化进程。

除一些直接作用于学校社会因素外，不直接作用于学校的社会因素通常通过嵌入学校的任务环境而影响学校的管理与发展。任务环境（task environment）是可以直接影响学校运作的外部因素的总和，如地方政府的教育管理部门、地方行政管理机构、学校资金来源、学区、处于相互竞争的学校、本校的学生、学生家长、派出所、卫生局、地区法院、教育学会，以及其他各种社会组织、群体等。

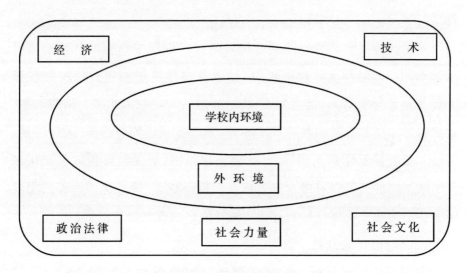

图 4-1　学校外部环绕扫描

具体地分析学校任务环境，可以看到以下一些重要的变量。首先，上级教育管理部门的有关政策、对学校的期望，以及提供给学校的宏观发展方向。其次，学生生源状况。再次，家长、社区、上一级学校、用人单位等，也是学校任务环境中具有一定影响力的变量，以其独特的方式作用并指导学校的发展。在我国逐渐发展起来的升学及就业市场，也将对学校发展产生重要影响。复次，学校资金的来源。除政府机构对教育的投入外，为弥补教育的不足，学校需要一定的贷款或股东支持。如何与这些机构或个人更好地合作，也是学校发展需要思考的重要问题。最后，与本校处于竞争状态的其他学校，也会对学校发展目标、发展内容产生影响。正是因为需要考虑与对方的合作或竞争，所以才有了各种可能的竞争策略。20 世纪 90 年代以来，在国际工商企业管理领域，一种被称为标杆瞄准或基准化（Bench marking）的组织发展战略受到学校管理者的欢迎，其为组织借鉴、比较其他竞争者的优势管理资源找到了途径，这种方法值得学校在制订发展规划时学习。

除上述相关要素外，还要考虑对学校规划产生影响的其他宏观因素，例如：政治制度，政策环境（如教育法律法规的出台、相关教育方针及政策导向等），经济发展状况（如地区人均收入水平、消费水平、消费偏好、储蓄情况、就业程度等），人口发展趋势与结构（人口流动、适龄儿童数量及性别比例等），社会文化氛围（居民教育程度和文化水平、宗教信仰、风俗习惯、审美观点、价值观念）等，这些外部的宏观要素将成为学校发展规划制订和实施所依据的重要背景信息。

（二）内部环境分析

对内部环境的分析，与对外部环境的分析具有相同的特点。20 世纪 80 年代初，著名管理学家 Peters 和 Waterman 在他们风行世界的管理学著作《寻求优势》（*In Search of Excellence*）中提出，任何组织的内部分析，都应该从 7 大方面进行，其中，属于软性的有人员、方式、技能、超越常规的目标，属于硬性的有战略、结构与系统。这一分析方法虽主要用于企业组织内部诊断，但对学校管理中的内部环境分析也具有参考价值。[1]

表4-3　Peters & Waterman, Jr. 的内部环境分析表

软性部分				硬性部分		
Staff	Style	Skill	Super-ordinate goal	Strategy	Structure	System
人员	方式	技能	超常目标	战略	结构	系统

　　另一种分析组织内环境的方法产生于20世纪90年代。Wheelen, Thomas L. & Hunger, J. David 提出，可以从3个方面，即结构、文化和资源进行分析。[2]

　　组织结构指的是组织如何依据其管理体制、沟通机制、工作类型、工作流程等建构起来的。从学校的角度看，组织结构包括学校组织中部门设置、内部沟通渠道、学校管理的跨度、学校管理的分权化与集权化等特征。组织文化指的是组织的信仰、期望模式、职工对组织价值观的分享等方面的情况。从学校角度看，组织文化或校园文化应包括学校的价值取向和管理取向、属于本学校的典型人物、信息网络、各种既定的仪式礼仪等。组织资源指协助组织运作的各种资源的总和，如房地产、其他固定资产、财政资源、人力资源等。从学校的角度看，组织资源包括基础设施、校舍、桌椅、仪器、学校财政资源、学校信息系统，以及教师、职工、临时工等各类人员。

---

　　[1]　Robert H Waterman, Thomas J Peters. *In the Search of Excellence*. Grand Central Publishing, 1988.

　　[2]　Wheelen, Thomas L. & Hunger, J. David. *Strategic Management and Business Policy*. Addison-Wesley Publishing Company, Inc. 1992.

(三)相关技术方法

1. 事件优先矩阵法

在确定了比较重要的环境变量之后，可以从该因素中提及的事件是否可能出现和出现后对学校发展的影响大小方面做矩阵分析。采用"事件优先矩阵法"可以对影响学校发展的外部变量进行序列化分析，如下表4-4：

表4-4　事件优先矩阵法

事　　件	影响组织的可能高	影响组织的可能中	影响组织的可能低
出现可能性高	高而优先	高而优先	中等优先
出现可能性中	高而优先	中等优先	低优先
出现可能性低	中等优先	低优先	低优先

2. 环境结构分析法

采用"环境结构分析法"对学校组织的内、外部因素综合分析与处理，其方法如下表4-5所示。这种方法将内、外部环境的因素首先区分为机会和威胁两个部分。在每一部分中取得5～10项比较突出的项目，然后根据它们发生的可能性进行加权以得到权重。各项权重的综合应该正好为数值1.00，再以1～5级差为各项因素进行等级排列，5为最重要，1为最不重要。最后将权重和等级相乘得到权级分，权级分的高低将能使所有因素排序。

表4-5　环境结构分析表

内、外环境因素			权重	
	权重	等级	评论	权级分
机会(5～10个)				
威胁(5～10个)				
总计				

3. SWOT 分析法

所谓 SWOT 分析法，是英文 Strength(优势)，Weakness(劣势)，Opportunity(机会)和 Threat(威胁)四个单词的首写字母组合。其通过具体的状况分析，将学校内部的各种主要优势因素、劣势因素和学校外部的机会因素、威胁因素分别进行呈现、分析，并评估出来，依据矩阵的形态进行科学的排列组合(将各种主要因素相互匹配)再结合实际情况进行分析，最后提出相应对策的方法。

从整体上看，SWOT 分析可以分为两个部分：第一部分为优势、劣势，主要用来分析学校的内部状况；第二部分为机遇、挑战，主要用来分析学校的外部状况。利用这种方法可以找出自己学校自身的强项，值得发扬的有利因素，还可以找出对自己不利的、要避开的东西，如外部的挑战。由此，进一步发现学校发展过程中可能存在的问题，找出相应的解决办法，并明确以后的发展方向、工作重点。根据这个分析，还可以将问题按轻重缓急进行分类，明确哪些是在学校发展过程中急需解决的问题，哪些是可以暂缓解决的事情。SWOT 分析法具有较强的针对性，有利于校长在制订发展规划中统揽全局、抓住重点，做出正确的决策。

SWOT 分析还可以帮助校长明确从哪几个方面来入手制订学校发展规划，清晰认识学校现状、未来愿望、发展内容、发展目标。学校、部门(处室、教研组、年级组等)和教师个人在制订学校发展规划的过程中，也可用 SWOT 分析法进行相关现状分析，以使其发展目标及行动与学校的要求内在统一，从而达到既促进学校发展，也促进学校各个部门、教师个人共同发展的目的。

使用 SWOT 方法时，可依照以下步骤进行。

(1)选定分析的主题：既可以是学校总体的发展现状，也可以是教师职业倦怠、学生表现、校本课程开发等局部性主题。

(2)回顾相关的愿景：回顾学校发展的愿景是什么。

(3)确认相关目标：确认在学校愿景之下所要达成的目标。

(4)选定目标：选定一项内容进行分析。

(5)找出与目标相关的重要因素：如政策、人员、课程、设备等。

(6)进行分析：交叉使用质、量的资料以及开放(激发不同的意见与想法)、聚敛(归纳相同的意见)等方法分析。

(7)选定其他目标重复进行以上步骤，直到全部目标分析完成为止。

进行 SWOT 分析时，要把握以下要领。

(1)S(内部优势)分析：即在找出达成某一目标时，学校内部重要的有利条件，包括最大优势以及最好的表现。

(2)W(内部劣势)分析：即在找出达成某一目标时，学校内部的最大弱点，以及表现最差的部分。

(3)O(外部机遇)分析：即在分析达成某一目标时，未来的相关发展趋势与潮流，以及政府的政策方针、社区等需要加以关注的外在因素。

(4)T(外部威胁)分析：即在分析达成某一目标时，学校外部环境所带来的限制，以及社区发展、新学校崛起等可能带来的冲击等。

(5)上述因素组合分析：将上述因素，按照 SO、ST、WO、WT 四种方式进行组合，最终找出学校未来发展的内容、目标。

注意事项：分析优势、劣势、机遇、威胁时，必须要有一定的客观判断依据。在内部环境方面，必须以统计数据、文件资料或访谈资料为依据，如教师的学历、著作、平均年龄、性别、流动率，近十年学生数的变化情形，家长的满意度调查，毕业生的表现，以及十年来学校预算的变化情形等资料。外部环境方面，必须参考政府文件、有关统计资料，以了解相关的状况、与其他学校比较中发现未来发展趋势。整体而言，在做分析时，要做到：①广泛收集质与量的资料；②将搜集到的资料加以归类整理；③只做归纳不做评论。

校长也可以用下表 4-6 来分析归纳学校的现状、不同群体的看法。

表 4-6　SWOT 分析

SWOT 分析	自己的看法	教职工的看法	家长(社区)的看法	综合看法
优势				
劣势				
机遇				
挑战				

 **案例分享**

利用 SWOT 分析实例[①]

石景山实验小学：学校位于石景山区中部八角地区，学校建于1988 年，经过三任校长及广大教职员工的努力，由一所最初只拥有30 多名教职工，300 多名学生的学校，发展到拥有 106 名教职工，1447 名学生的大学校，学校先后被评为"全国贯彻体育工作条例先进

① 拱雪.SWOT 在北京市小学学校发展规划制订中的应用[J].基础教育，2010(3)：22－26

校""北京市教育科研先进单位""石景山区人民满意学校"等。

学校在制订发展规划过程中，运用 SWOT 分析方法，综合判断，形成了战略和目标。规划的制订是建立在对学校实际深入思考和分析的基础上的。为了更加全面、真实地掌握学校现状，从而使规划更具针对性，学校在制订规划前设计了教师、学生、家长三项问卷。三项问卷涉及管理人员队伍、教师队伍、德育工作、教学工作、教育科研、学生培养、校园环境、学校文化、家校协同等各个方面，请教师、学生、家长帮助学校找出发展的成绩与问题，并为学校的发展献计献策。通过此次问卷调查，学校从细节上重新认识到工作中的优点与不足，为规划的制订提供了丰富的素材。

根据调查结果，学校对领导班子、管理文化、教育教学、师资、学生、学校文化、办学条件等方面的发展优势和机遇，面临的挑战、问题和困难进行了全面分析。通过分析，学校认为其优势和机遇是比较突出的，威胁尚不明显，劣势虽存在，但未影响全局。

学校的优势：学校师资力量强，拥有一支具有一定教学经验、潜力较大的教师队伍；学校已形成一定的管理文化，即在实施制度化、规范化、科学化管理的同时，注意教育管理的人文意识，形成自我管理、自觉管理的机制；办学条件已达标。

学校的机遇：学生富有朝气、努力探究、积极向上，学生整体素质不断提高，得到家长及社会的认可；学校的建设与发展得到教委的大力支持。

学校在发展规划的制订过程中体会到规划不仅仅是解决问题的计划，而是一个抓住机遇、利用优势、克服劣势、化解威胁的全面设计。因此，把发展战略定位为"开拓型战略"，意在原有较好基础上寻求新的突破以实现新发展。

确定基本战略后，学校结合实际，将"可持续发展"作为学校开拓进取的着眼点。秉承可持续发展的教育理念，以可持续发展价值观为核心，以提高学校办学品质为目的，确立了学校的办学理念、办学目标、办学思路、育人目标，并启动六大工程：实施人本管理的"凝聚工程"，实施教师专业发展的"人才工程"，实施德育为首的"育人工程"，落实课程改革的"质量工程"，促进学生全面发展的"健康工程"，创建现代化学校的"优化工程"，以此保障学校发展规划的顺利实施及各项目标的达成。

三、问题汇总、归类及排序

(一)问题类别

以学校内、外部环境的分析为依据，结合社区征求到的意见和采集到的各类信息，接下来的任务就是将问题进行汇总，加以澄清、整理、归类和评判，这是现状分析工作过程中最为关键的环节。因为《学校发展规划文本》中的主要部分来自于对上述结果的分析，并将其转化为文本中的目标、内容及策略等，所以这项工作最好组织教职工来完成，或由学校发展管理委员会来完成。

首先，要对问题澄清与梳理。在广泛征求意见的阶段收集到大量的信息和问题，这些信息和问题记录在原始的记录单上，处在一种原始状态，可能是凌乱的、含糊的、重复的、不着边际的，等等，因此需要对这些问题进行初步的澄清，看看其到底是想要表达什么意思，将其清晰化、梳理罗列出来，附在相应的原始记录的档案上备查。

其次，是将所收集到的问题按照问题的类别分门别类归整好，在对应的类别中罗列出来备查，同时可以写在大白纸上。在归类的时候切忌简单随意，或只从字面上意思随便放到某一类别，必须尽量明确该问题的实质意思，以及其表达的中心思想，在此基础上才能正确归类。

归类的方法可以灵活多样。实际上，每个学校的类别不完全相同，同一学校不同历史阶段的问题也不同。学校可根据发展的实际情况，从不同角度进行归类，不必强调千篇一律。归类的一般原则包括以下几个方面。

(1)必须尽量涵盖学校工作的各个层面。

(2)类别之间尽量不要有明显交叉重叠。

(3)类别的概念一定要准确，界限有足够的清晰度。

(4)类别的划分要在一个层面、不要太多。

(5)尽量体现学校的特色或价值取向。

(6)学校层面的问题，不是学校力不能及的问题。

(7)无论如何归类，教与学问题始终是中心，如何确保学生得到公平教育，使学生有质量地学习、发展是学校的核心问题。

在处理问题类别之间的关系时，必须以上述问题为主要立足点，使问题有主次、有结构，形成内在逻辑关系。而不要使问题松散，各自为政。当类别划分好后，就要将采集来的问题进行归类。归类过程中还要注意以下问题。

(1)每个问题必须表达具体、准确，并明确把握其实质。

(2)校长及学校教师务必熟悉各问题类别。

(3)类别之间有一定联系，但每一个类别的角度是不同的，在归类的时候首先要把握好问题的实质，根据问题的侧重点(重心)来合理归类。

（4）将所收集到的问题按照问题的类别分门别类归整好，在对应的类别中罗列出来备查。

（5）进入学校发展规划文本的问题须是学校层面的问题，且是力所能及的。

（6）每一个问题按照其内容与问题类别的亲疏关系只能归到某一类，而不能同时出现在两个或两个以上的类别中。

（二）相关技术方法

1. 问题树

问题树是一种参与式工具，是一种用画图的形式分析问题的方法。主要用来分析问题产生的原因及其导致的结果，并使人看到其中的联系。它可以形象地表示出问题的因果关系，目的在于帮助人们通过分析原因、造成的结果，促使人们产生解决问题的策略，包括有关的目标与方法，同时，鼓励人们开阔思维，深入讨论解决问题最简单的做法。它的基本操作程序是从问题的现状入手，进而分析导致这一现状的原因，以及对今后长远发展所造成的制约和负面结果。

在制订发展规划过程中，问题树分析法一般和其他工具结合使用，如排序法、归类法等。一般针对排序后产生的需要优先解决的问题做问题树分析。

• 问题树的作用

问题树可以用来全面、深入分析问题，找出问题的原因和导致的后果，同时还可以发现更多的相关问题，可以帮助归纳和总结参会人员的观点和看法，有助于明确主要问题，找出问题与原因、结果之间的必然联系，并看到问题的实质，从而归纳出解决问题的种种可能思路及方法。

通过分析这个问题可能导致的结果，可以使我们看到这个问题如果不解决，将可能产生更加严重的后果，从而认识到问题的严重性和紧迫性，在某种程度上还可以做到未雨绸缪、防患于未然。

• 问题树的具体操作

在一张大白纸的中心，写下（或画一张图/一个标志）问题。这个问题可以是由教师、校长或社区成员提出的。在纸的下半部分，写出尽可能多的原因，并用线条把它们连起来。在原因的下面再引出原因，并标明它们之间的联系。一直这样做下去，直到你找到最根本的原因为止。然后，在问题的上面写出尽可能多的影响或后果，并把它们用线条连起来，在影响或后果之后接着引出更进一步的影响或后果，并标明它们之间的联系。这样一直做下去，直到参与者认为满意为止。

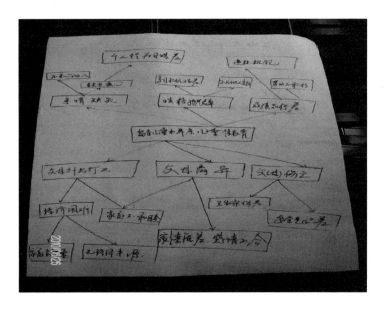

图 4-2

可以把画问题树作为讨论某个问题的起点。下面所附的就是一个问题树，正如图 4-2，有时候同一个问题出现在不同的地方，而原因和影响可能是相同的（如同一个圈）。

注意：原因和影响本身也是问题，画出的问题树最终就成了相互关联的问题形成的一个网。

• 举例：

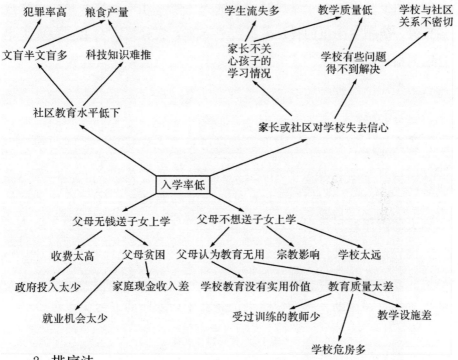

2. 排序法

• 排序法概述

在制订学校发展规划、挖掘学校特色的过程中，排序是指对学校存在的某一类别下的若干个问题，按重要性和紧迫性等因素来确定优先次序的一种方法，同时，问题的解决方法或问题产生的原因也可通过排序来确定优先次序。

在制订学校发展规划的过程中所面临的问题可能是多种多样的，但不可能在"一夜之间"解决所有的问题。因此，就需要把这些问题加以分析和汇总，根据社区群众和师生的意见，把这些问题按轻重缓急排出优先次序，便于集中有限的资源解决最迫切需要解决的问题。

排序活动还能够使我们参考不同人群的不同意见与建议，把问题的优先次序明确下来，这样每个人的意见都得到同等重视。由于不同人群的出发点不一样，排序结果可能不一致。比如，校长在征求社区意见时，要把各个组的排序意见汇总起来，在社区大会上，形成整个社区的最终排序结果。

• 常用的两种排序方法

（1）优先排序

优先排序是指一组人对问题排序时，个人先将这一类问题按一定的标准进行先后排序，并标出序号，最优先解决的标"1"，次之标"2"，依此类推，然后将每个人对同一组问题排序的序号相加，按从小到大的顺序进行排列的过程。

优先排序的具体做法是：先选择一类需要区分优先次序的问题，然后让参与者就这些问题的优先次序，提出他们各自的看法，让不同的人重复这一活动，然后把结果记录在下面所附的表中。

表 4-7　优先排序样表

问题＼排列序号项目	排序表					序号小计	排序结果
	王某某	马某某	张某某	丁某某	……		
问题一(填写具体问题)							
问题二(填写具体问题)							
问题三(填写具体问题)							
问题四(填写具体问题)							
问题五(填写具体问题)							

如果访谈者很多，可以先分组做优先排序，然后把小组序号之和填进总排序表之中，再进行排序，形成最终结果。要注意的是，如果有很多人参与分组和最终排序，排序的问题必须相同，否则难以汇集形成最终排序结果。

（2）对比排序

选择需要排出优先次序的问题。这些问题可以来自问题树。每次拿两个问题，让访谈者选择哪个更为紧迫或重要（下面的表将帮助你一步一步做对比），记下访谈者的选择（直接写在下面的表中或单独写成一个单子）。与不同的访谈者做同样的对比。然后把他们的选择填入表中。表中的 A、B、C……代表不同的问题。

表 4-8　对比排序样表

A	B	C	D	E	F	问题	得分	排序
						A		
						B		
						C		
						D		
						E		
						F		

注意：①如同社区地图和问题树一样，排序也可以用来作为进一步深入讨论问题的基础（比如，可以问访谈者他们为什么如此排序）。②排序时，问题的排列不能有心理暗示。③排序时，可以将表中的矩形格改为"米"字格、"田"字格或九宫格，以方便更多的人或小组使用。

• 排序时应注意的几个问题

(1)排序时，让参加排序的人按他们自己的理解来做，别人尤其是组织者不要做任何暗示。

(2)在排序过程中，要耐心了解人们的反应。

(3)排序时，可以将表中的矩形格改成"米""田"字格或九宫格，以方便更多的人或小组使用。

(4)建议对文盲、记忆力差等特殊人群采用对比排序法，可用图片或实物等代替表格中的问题，石子等代替个数和等。

四、现状分析可能遇到的困难和对策

(一)用头脑风暴法找不到可行的解决办法

产生这个问题的原因可能是：活动刚开始时，气氛比较沉闷，参与者不够活跃，发言不积极，或者不善于表达，因此很难"刮起风暴"。建议可以采取如下对策：活动开始前，做一些热身活动，设置一些能激发创造力的思考题，打破沉闷的气氛，激活大家的思维。通过做游戏等多种活动，积极鼓励参与者消除隔阂或畏难情绪，及时表达自己的想法。等到活动结束头脑冷静下来之后，对提出的众多设想进行认真分析、筛选，选择切实可行的方法。也可以将几种设想中的可取之处加以提炼，整合成一种新的最佳方案。

(二)访谈达不到预期的目的

产生这一问题的原因主要是：访谈者访谈技巧使用不娴熟，难以打破僵局，无法切入主题，访谈效果不够理想。可以考虑的对策有：

善于发现被访谈者的优点，并用恰当的语言表示欣赏或赞许，但不能显得虚假和勉强，或者以被访谈者感兴趣的事为话题，打破僵局，为访谈顺利进行打下基础。需要注意，这一阶段耽搁的时间不能太久，更不能由被访谈者牵着鼻子走，以防干扰访谈的主题。

访谈前一定要充分准备好访谈提纲或问题清单，但也允许访谈对象提出问题清单之外的新问题。事先对访谈对象的基本情况有一个大概的了解，诸如文化背景、爱好、忌讳等，以便使访谈顺利进行。

访谈时也要选择好时间、地点，要注意访谈的节奏和时间，把握好访谈的主题，一旦谈话偏离主题应采用适当方法加以制止和引导。方式应该是开放的，能引起访谈对象的兴趣，而不是"审讯式"的一问一答。访谈者要保持高度机敏，谈问题不一定面面俱到，可以抓住某一方面，说详细、谈具体，及时发掘隐藏的问题，获得真实有效的信息。

(三)社区图反映的信息不完整

由于参与者的眼界、时间限制等多种原因，社区图所提供的信息可能不是十分完整。主要的对策是：社区图不能由一两个人来画，尽可能让不同群体的人参与，同时主持人要不断的引导和提问，让参与者不断补充、增加和完善各类信息。对社区图中反映的每一种信息都要认真分析，这些信息对学校有什么积极作用和消极影响，还要分析哪些资源可为学校目前、未来所利用，同时还要考虑学校能为社区提供哪些服务，考虑如何取得双赢等。不能只考虑如何从社区攫取资源。

(四)社区大会无法保证群众有效参与

不少学校反映召开一个成功的社区大会比较困难，这也是对校长能力一个非常重要的考验。可以考虑的对策包括：校长要事先做好相关的宣传动员工作，如写标语、发通知、发邀请函、广播电视宣传等，并积极要求社区干部和学区校长给予支持，必要时与某些特殊群体如宗教人士、社会贤达、政府官员、知名家长等事先进行沟通，获得他们的支持。安排好社区大会的时间、地点、内容、方式等，从而使社区大会有效、顺利地进行。

(五)问题树"根不深、叶不茂"

要通过问题树准确而深入地找到问题的原因和对策，确实需要参与者开动脑筋、深入思考、相互启发、归纳提炼。校长在使用这一工具时，可以运用多种方法，如头脑风暴法、角色扮演、戏剧表演等，鼓励参与者积极寻找问题的"原因"和"结果"，再进一步寻找"原因的原因"和"结果的结果"。这样一层一层地寻找下去，直至找到最根本的原因及对应的结果为止。要注意的是，寻找到的原因、结果都是真实存在的，而非虚构的。

(六)教师缺乏相应的技巧和能力

教师是制订和实施学校发展规划的骨干力量，需要培养教师相应的技巧和能力、与其他群体加强协作，只有这样，才有助于制订和实施学校发展规划。建议校长一定要组织好教师培训工作。校长根据自己学习、接受培训的情况，针对教师的实际、确定培训方案，突出重点和难点，让教师熟练掌握征求意见的技巧和方法。同时，通过培训提高教师对学校发展规划的认识，形成积极的态度。教师在参与过程中遇到困难、问题时，校长要及时帮助、支持与指导。另外，校长要与教师定期和不定期召开研讨会，研究遇到的困难和问题，通过相互探讨交流，共同提高分析问题和解决问题的能力，培养团队精神。熟练掌握技巧和方法需要一段时间，要允许教师产生疑问、出现错误，但对出现的疑问、错误要正确认识，引导其真诚面对。

第三节　文本的撰写、答辩及审定

一、好文本的标准

一项好的学校发展规划，凝结着学校校长、教师、学生、社区人士等众多人的心血，是集体智慧的结晶。随着我们基础教育管理体制改革的不断深化，国家新课程改革的逐步深入，中小学真正实现以自主管理和自我发展为核心的学校发展规划也越来越名副其实。好的学校发展规划不仅能培养师生民主、创新意识及能力，不断形成学校的凝聚力，而且能够使学校健康、快速发展，提高学校的教育教学水平。

按照学校发展规划的制订步骤，一步一个脚印地注重每一个过程，绝对不走过场。需要再次说明的是，前面所说的征求意见工作做得如何，将直接决定文本的撰写质量。校长如果在社区发动工作做得好、基础工作很扎实，对学校的问题及解决办法就能做到心中有数，写文本时也会得心应手；而如果校长并不去做上述基础性工作，而是找上几个人、闭门造车，写出一个让外行读起来很不错的文本，或者从网上复制一个再稍加修改、润色，这最终只是表面文章，不仅不可取，也不会在实际工作中发挥什么作用。因此，应避免此类事件的发生。

一般来说，好的学校发展规划文本具备如下特征。

1. 问题清晰、目标明确

规划中提出的问题要真实、具体、准确，且反映制约学校发展的最根本问题。经过分类和重要性排序后，根据问题而确定的目标应具有 SMART 的特征，即具体的、可测量的、可实现的、现实的、有时间限制的，并有鞭策力和鼓励性。

2. 内容丰富、填写完整

周历表与学校的目标/活动，以及部门和个人的行动计划是一个有机的整体。学校的总目标任务要逐级逐一分解到各部门和个人的行动计划中。周历表满足学校组织中不同群体的需求。附表填写的各项信息应确保真实，无虚假现象、合情合理。

3. 程序合理、注重过程

要采取"自下而上"和"自上而下"相结合的方式，既要由校长和全体教职工共同承担，且相互理解、配合和支持，同时也要与教育行政部门的工作任务相互衔接，把上级的工作要求和任务安排纳入学校发展规划的对应部分中去，尽量使两者融合起来。

4. 既重硬件、又重软件

学校发展规划不仅仅要关注学校的办学条件、设施改善，更重要的是要关注学生的成长、教师的发展、学校管理改进以及社区与学校的共进互长。要鼓励教师自我学习和发展，重点促进学生的进步和成长，重视学校安全和对学生的关爱，并将上述内容和学校的整体改革、不断进步有机整合起来。

5. 监测到位、重在实施

学校发展规划的实施要有相应的经费支持。学校财务收支要符合学校实际，突出教育教学这个中心。计划的进度要得到系统的监测，对过程实施良好的控制，以确保实现目标。教育行政部门、社区、校长、部门负责人、个人的监测要及时到位，有定性的和可以量化的证据用作评估成果，并且要有记录。

6. 不断创新、体现特色

学校发展规划虽然有一个基本的框架，但没有固定的模式。如同世界上没有两片相同的叶子一样，也没有两所学校的发展规划是完全相同的。校长要有创新意识，结合本校的实际创造性地完成文本，充分体现自己的学校特色，不受文本框架、结构的制约。

二、文本的内容框架及撰写

(一)内容框架

1.《学校发展规划文本》的基本框架和结构(详见本书附件重要文本部分)

学校发展管理委员会组成人员名单

第一部分　社区概况及变化

第二部分　学校概况

第三部分　现状分析/学校发展的自我评估

第四部分　学校未来3～5年发展愿景

第五部分　学校发展的主要目标与具体活动

第六部分　学校发展规划的监测与评估

第七部分　学校月/周历表

第八部分　校长工作计划表

第九部分　年级/学科工作计划表

第十部分　教师工作计划表

注意：以上所讲的文本框架只是一个范本，学校可以根据自己的实际情况，设计文本内容，以便体现本校实际或特色，还可以按不同的时间段(如学校发展阶段、公历年度)等来设计文本内容。

2. 文本撰写中的关键环节

· 接受培训是基础。校长、教师、学生、学校发展管理委员会成员或社区志愿者等参与规划制订人员，必须要接受学校发展规划的相关培训。

•广泛参与是前提。学校必须动员校内人员、社区各个群体参与学校发展规划,重点关注弱势群体的参与。

•征求意见是核心。通过访谈、座谈、社区大会等形式,广泛征求各类人群对学校工作的意见和建议,做到"自下而上"和"自上而下"相结合,解决有效参与的问题。

•确定目标是关键。依据学校发展中存在的每一个问题,确定相应的目标,设计切实可行的措施。目标和措施都要具体、量化、可实现并有时间限制。

•任务分解是保障。学校的总目标和任务,必须及时分解给各个职能部门和相关人员。

•针对相应的问题和目标类别,可以专门制订配套的行动方案。比如"教师的教和专业发展",就可以由学校或相关职能部门专门制订"学校教师的专业发展计划",成为学校发展规划文本的一个派生文件加以实施,并且与文本中的"教师工作计划表"有机结合起来,从而形成一个既有学校层面的又有教师个人层面的,相互对应、体现、支撑的教师专业发展的完整体系。

(二)各部分的撰写

1."社区概况"的撰写

社区概况,包括社区人口、民族、经济状况、宗教、社会文化、交通状况等有关方面的背景情况,这些信息是十分重要且必要的,因为关涉学校发展的诸多问题是与社区的具体环境息息相关的。社区概况也是一所学校发展的"土壤",影响着学校发展的程度与方向。任何学校的发展都离不开当地社区文化的基础。本部分的撰写工作主要依据现状分析过程中对学校外部环境的分析以及社区走访、调研。一方面,通过获得相关信息并对信息进行分类整理来帮助确定问题的原因、解决办法以及可利用的资源；另一方面，通过共同撰写社区概况，引导大家关注学校的生存空间和环境条件。社区信息较多，要在全面和简明之间做到平衡，同时，社区背景部分的撰写也应简明，主要涉及对学校教育有影响的方面。

社区概况的撰写，需要注意以下几个方面。

•第一年制订学校发展规划，只描述社区概况即可。进入下一年，社区概况中需要描述一年来的变化。社区变化主要指社区概况与上年度进行对比，描述一年来学校在制订和实施发展计划的同时，社区所发生的变化，要侧重从与教育密切关联、对学校发展影响较大的视角来描述。

•尽量采用客观、中立的写法，不必用过多文学语言去描绘或写成广告语、宣传材料等。

•不必过于详细，既然是概况，就要写得简明、清晰。

•不要写得杂乱。最好能有一定逻辑归纳，帮助人们更容易了解社区的基本特点。

•要提及社区存在的困难和问题。

•要将一些关键情况与上年度做简要对比，简单介绍社区发生的变化。

•应包括社区成员的经济状况，文化水平，对学校教育的期望、态度，以及学生入学等方面的情况。

2. 学校概况

这部分主要描述学生、教师、校舍、设备、管理和教学质量等方面的状况，学校概况的内容主要包括：学校性质；学校地理位置，服务半径；学校办学条件和环境，包括占地面积、校舍面积、硬件设施；学生数量，如男生和女生的人数和比例，入学率、巩固率和升学率等；学校在学区或更大范围内所处的位置等情况；教师和学生情况：教师队伍的学历、专业、年龄、性别和民族结构，学生的基本情况，包括学生的年龄、性别、民族构成以及家庭经济状况、学习成绩等；课程设置，包括国家课程设置、校本课程、新课程改革等内容。

学校概况的撰写要简明扼要，突出重点、有特色。在准确描述该学校所处的地理位置和历史沿革的基础上，能够使读者很容易了解学校的基本情况、办学水平和办学特色，还可以用图片等多种形式来辅助反映学校的状况。

与社区概况一样，在第一年只描述状况即可，在学校发展规划实施后，制订新一年的发展计划，需要对一年来的变化进行描述。学校的变化，主要指学校概况与上一年进行对比，通过制订和实施学校发展规划的一年来学校所发生的各方面的改变。描述不仅要反映设施等硬件方面的变化，也要侧重反映学生发展、教学质量、教师队伍建设、学校管理、学校与社区关系等软件方面的变化。

 案例分享①

××完小位于××街北端，2006 年县政府和教育局统筹考虑、优化资源，先后将周边 5 个村校的半寄宿制、全寄宿制学生撤并到该校。服务半径约 6 公里以上。学校占地面积 7.3 亩，建筑面积 2870 平方米，绿化面积 570 平方米。

学校现有教室 2 幢 11 间，图书室 1 间，仪器室 1 间，实验室 1

---

① 张兆勤，白天佑，胡文斌. 学校发展计划指南[M]. 北京：教育科学出版社，2008：64.

间，会议室 1 间，音乐室 1 间，少先队室、德育室、光盘播放室合用 1 间，心理咨询室、广播室合用 1 间，学生宿舍 15 间（一间宿舍最多能容纳 10 人），教职工宿舍 8 套，还有 17 位教师无住房（农村地区租不到房）。26 米×14 米操场一个。寄宿制食堂一个，有 2 类实验仪器一套，图书 3310 册，音乐器材 33 件，体育器材 25 件，鼓号队 1 支，电教设施有 DVD 5 台，电视机 9 台，计算机 2 台。

我校现有 10 个教学班，2 个学前班，在校学生 447 人，住校生 196 人，男生 91 人，女生 105 人。教职工 25 人，其中专任教师 24 人，勤杂人员 1 人，小学高级教师 18 人，有 18 人获大专学历，本科 2 人，学历达标率 100%，目前存在学生居住分散、离校远、贫困面大、教育成本高等困难。学生住宿十分拥挤，教师住宿严重缺乏。缺少媒体教室 1 间，电脑 20 台，致使信息课无法开展，由于缺乏专业英语教师，开设了三年的英语课已停开，目前还缺乏美术、体育专业教育。

学校在上级党委、政府、教育主管部门的关怀及社会各界热心人士的支持下，取得了可喜成绩，教学质量和综合办学效益明显提高，我校先后被评为县文明单位、县巾帼建功先进集体、县先进职工之家、县优秀少先大队、州级育人环境建设优级单位、省级督导评估"优级乙等"学校。教师论文及作品，学生作文，都多次获国家、省、州、县级奖。2005 年 9 月，我校再次被县委、县政府评为教育教学质量先进集体，12 月又圆满完成全寄宿制低年级段试点学校授牌工作，年底被评为平安校园，2006 年 5 月又完成州级文明单位的申报。

愿景未来，我们豪情满怀，为托起明天的太阳，××完小将遵循德育是灵魂、教学是中心、质量是生命、服务是宗旨的办学思路，群策群力，团结一致，共同开创更加辉煌的明天。

点评：

建议再明确以下几方面问题：

• 现有的教学设施设备是否有欠缺，欠缺在哪里？寄宿生住房是否够用？

• 教师的专业水平如何？优势是什么？有哪些欠缺？

• 学生的民族状况如何？贫困生状况如何？学生学习中的主要困难和问题是什么？

• 学校管理水平和能力如何？

• 社区干部和群众对学校的态度如何？

• 可以简要介绍学校较为独特的文化、历史及现有优势。

• 可以简要介绍学校的地理位置、交通、布局等地理条件。

• 在行文上，在谈到教师住房问题时有重复现象；说到电脑教室与电脑问题，应该与上一段合在一起谈教学设备问题。要注意提供一个较为清晰的逻辑结构。所有对学校的描述都应该能从中突出或反映学校的优势、劣势、威胁和机会，并能反应出与其他学校不一样的独特性或特色。

3. 学校现状分析

学校现状分析的主要目的是为了甄别出目前学校发展过程中存在的问题与挑战，同时明晰自身的优势及发展机遇，在此基础上找到有效可行的对策，并为制订未来3到5年乃至更长期的发展规划及行动方案提供依据。因此，本部分的主要内容将集中在对现存问题的分析与解决上，是下一部分学校未来发展愿景及规划目标和主要活动的基础和依据。这三部分是一个有机的整体，涉及紧密相连的三个关键问题，即"问题——目标——措施"。因此，在撰写这一部分的时候，必须同时考虑"问题——目标——措施"三个部分。

"问题、目标、措施"是学校发展规划的三个关键词，是构成学校发展规划的基本结构，是学校发展规划文本中的主体部分。它们相互关联但又分属不同层次。在撰写文本时，必须整体统筹，通盘考虑"问题、目标、措施"三者的关系，使之形成一个关联的逻辑统一体。总的要求是由问题决定目标，目标来自于问题解决，措施围绕目标来设定，通过活动措施确保目标实现，通过目标实现解决问题的目的，而不是割离三者，各自为政、互不关联。

学校发展规划最终要解决什么样的问题、确立什么样的目标、采用什么样的措施，必须充分考虑和依据以下两个因素：第一个因素是学校的文化与历史、学校的价值导向，即上述的社区概况、学校概况、学校发展愿景和现状分析的结果。因此，上述的信息不是可有可无，而是必须加以深入分析，才能更好地定位学校的发展，影响到规划中"问题——目标——措施"的决策。第二个因素是社区大会确认了的问题类别以及问题的序列。第一个因素确保的是方向，第二个因素确保的是计划的有效性和针对性。因此，在确定"问题——目标——措施"时，必须充分依据这两个因素，重点解决的是学校发展过程中存在的主要问题，以及优先需要解决的问题。那么什么是问题呢？问题是学校人员在办学实践中带来的认知上的矛盾、困惑、困难、冲突及失衡。那么，什么是学校发展问题呢？学校发展问题就是学校在办学过程中，自身发展需求和现存不完备的条件之间的矛盾，并反映在学校管理的主观认识上、行动落实上。明确了这些内容，办学目标、措施等就容易产生了。

（1）问题的确定

在一定意义上说，学校发展过程就是学校发现问题，并解决问题的过程。不发现问题或问题找不准，学校就无法确定发展目标、发展内容、发展策略，直接影响到学校的办学方向。在制订学校发展规划时，不仅要广泛听取社区成员各方面的意见，而且要对社区成员提出的所有意见和问题进行归纳、分析和研究，分清轻重缓急，找出相应的解决办法。因此，寻找问题、明确学校发展的方向，是制订学校发展规划过程中最为重要的一个环节。

第一，问题的来源必须是来自征求意见过程中问题归类和社区大会上排序的结果，切忌个人杜撰或道听途说。一般情况下，要充分尊重社区大会确认的主要问题类别和排序结果，不做太大的变动。

第二，要对社区大会上的分类和排序做最后的确认，即学校可以对这些问题根据学校发展的总体战略、文化背景、发展愿景等做出顺序上的微调、补充，或从表达上做完善处理。如果没有什么补充和调整，就以社区大会的结果为准，若有微调还必须经过学校发展管理委员会通过。

第三，问题分类和排序是围绕中心问题和主要目标展开的。在选择和确定问题时，必须围绕"学生及教师的发展，即人的发展"，而其他类别的问题尽量要围绕如何使全体学生得到公平而有质量的教育来考虑，而不是各自为政，互不关联，没有层次或中心。

（2）问题的表达

当问题确定下来后，就要把问题以准确的语言、明确的表达写进文本里。问题表达很重要，表达是否准确清晰，直接影响到目标和活动的确定，最终影响到整个文本的质量，影响到学校的发展。问题表达越到位，目标和活动的确定就越容易，并且越具有针对性。问题的表达有两个要求。

第一，必须确认问题的真假，也即是否有实质性的表达。问题有真假之别、轻重缓急之分。所谓问题的真假，就是问题表达是否到位，是不是实质性的问题。把问题的实质表达出来就是真问题，反之就是假问题。一般在假问题表达中包含有解决此问题的措施或办法。如"缺30套双人课桌凳"，这就是一个假问题，真问题是"60名学生站着听课，无法正常上课"。我们要尽可能做到识别假问题，找到真问题。

第二，问题必须是具体的、现实存在的。有些问题过于笼统，不利于解决。比如"学校与家长交流的时间少"，这个问题不具体，应该说明在多长时间内没有交流。像这种"少""低""差""缺"等词汇都是相对而言的，无法把问题描述清楚。没有具体的问题，就难以确定明确的目标。又如"适龄儿童入学率低"就不是对一个问题具体的描述，而应该说"适龄儿童入学率很低，只有75％"。又如，"学校教学质量差"也不是对问题的具体描述，而是一种笼统的说法，比较好的表述应该是"学校教学质量差，语文及格率只有63％左右"，等等。

4. 未来三(五)年学校发展愿景

发展愿景是在一定价值观引导下，在一定学校文化背景下，在吸纳各个利益群体广泛意见的基础上，通过广泛沟通、达成共识后所表达出来的，若干年内经过努力可以实现的、想象式的图景。它是指向未来的、概括性的，可以实现的，有所侧重、符合逻辑的，有鼓舞性、清晰完整集中的描述的，而不是任务清单，不是口号。学校发展愿景部分需要在综合社区、学校各方面意见的基础上，准确而简明地描述学校经过未来三年的发展所能达到的理想状态，避免仅仅局限在学校硬件的描述，而是要充分体现出学校在办学理念上的价值追求，反映学校的办学思想。因此，在任何一个周期的学校发展规划制订之前，学校必须先要形成自己的价值观，形成学校的办学基本理念。每一周期的学校发展规划都应该接受和体现学校价值观和办学理念的指导。

学校发展愿景的实质是学校的共同愿景，是学校大多数人自主形成的、对在一定的教育价值观或办学理念引领下学校发展水平的共同愿望和图景式的描绘，而不仅仅是一个摆设或装饰。它是学校的共同发展方向，能鼓舞人、凝聚人、引领人。因此，在确定和撰写学校发展愿景时，不要随意应付写几句客套话或时髦的语句，而是要实实在在地写出学校教职员工的共同心声，不能校长一个人或几个人说了算，而是采用"自下而上"的方式，严肃庄重地加以确定，这一过程所产生的效应很重要，形成这样的意识与概念以及过程效应，是校长在这一环节中重点追求的结果，而非仅仅是愿景的文字表达。

撰写学校发展愿景，包括期望的、主动的、可接近的、相对稳定的四个基本要素，即：大家愿意看到的（期望的）；大家愿意为之努力的（主动的）；通过努力可以一步一步接近的（可接近的）；三年甚至更长时间保持不变的（相对稳定的）。请对比下面一些愿景表达。

我需要一间新校舍。（×）

通过学校教育使我们的学生获得适应未来社会发展的知识和技能，并使学生的潜能得到充分的发展。（√）

我需要培训学校的教师。（×）

我们的学校致力于实现教师和学生的共同成长，是一个教师乐教、学生乐学的快乐校园，并与我们的社区实现共同成长。（√）

我们的学校给学生提供丰富多彩的校园生活，让每个孩子都有机会追求自己的梦想，并使他们获得充分实现自我发展的扎实基础和相关能力。（✓）

5. 学校发展的主要目标与具体活动

如上所述，"问题——目标——措施"是一个有机的整体。问题不仅仅是提出来而已，提出问题是为了解决问题。解决一个问题就需要确定一个目标，实现目标必须有对应的活动（或措施）。问题是为目标准备的，目标的确定必须来自问题；目标的实现要通过行动，而行动的设计必须是针对目标的。只有提出具体的问题，才能确定明确的目标。根据目标的特征，进而制订切实可行的活动与措施，就会实现目标，问题也就相应地得到解决。在这个部分，可以就学校在三年内可能达到的总体目标进行一定的描述。总目标是在分析学校现状的基础上，针对学校存在的问题以及所确定的奋斗目标而确定的，它高于学校每一个学年的具体目标，低于学校发展愿景。学校根据自己的实际，也可以把总目标分解为每一个学年的阶段性目标。因此，本部分的撰写须充分承接"学校现状分析——问题确定"和"学校发展愿景"，形成清晰的逻辑链接，由问题来确定目标，由目标来派生活动，活动的设定是因为目标，目标的确定是因为问题。

（1）目标的撰写

目标是主体在一定的时限内，所要达到（或实现）的、高于现状的、预期的、具体的目的和标准，也是一种"可检测的活动结果"，是监测和评估中制订指标的重要依据。目标是计划的方向，是监测和评估学校发展规划实施情况的重要工具。试比较下列目标。

改善学校与家长的关系。（✗）

本学期把校长、教师与家长间的交流时间提高三倍。（√）

提高教学质量。（×）

本学期把五年级学生数学平均成绩提高 5 分。（√）

(2)SMART 目标要求

一个好的目标的确定，必须具备 SMART（有直接翻译为"司玛特"）特点的要求。SMART 是五个英文单词的缩写，具体如下。

• S(Specific)表示：目标必须是具体的。

• M(Measurable)表示：目标必须是可以测量的。

• A(Attainable)表示：目标必须是可实现的。

• R(Realistic)表示：目标必须是现实的。

• T(Time-bounded)表示：目标必须是具有明确时间限制的。

学校发展规划中确定的目标，最好都能够符合上述五个原则的基本要求，只有这样，才是制订出切实可行、真正有价值的学校发展规划。

(3)关于活动（措施）的撰写

活动（措施）就是为实现学校发展规划的目标，而采取的一系列具体行动，包括：具体的途径、方式方法、手段等。目标与措施的区分在于：一个是活动结果预测，一个是行为和活动。但两者都必须是可检测的，并有时间限制要求的。活动是由目标而来的，要与目标对应，实现一个目标需要一个或多个活动，而且这些活动之间要有一定的逻辑关系和时间上的连贯性，所选择的活动必须最大限度能满足目标实现的要求。活动的确定通常可以采用"头脑风暴法"来充分提供，然后围绕目标的有效实现进行筛选。"问题树"是选择活动措施的一种好方法，通过寻找导致问题产生的几个最重要的原因来确定措施。

6. 学校工作月/周历表

工作月/周历表是学校工作的基本框架和整体安排，学校发展规划文本中各个目标的实现以及所采取的活动和措施，要通过月历表、周历表来体现，同时，月历表、周历表还是学校各部门和教师行动计划的工作大纲。

"目标""活动与措施""月/周历表"三者之间相互联系。"目标"要通过"活动/措施"来实现，"活动与措施"要通过"月/周历表"来反映，同时还要体现在相关部门和个人的行动计划之中。"月/周历表"的制订，也应通过"自下而上"的方式，让学校师生广泛参与，并听取学校发展管理委员会成员的意见与建议。

7. 校长、年级/学科、教师个人工作计划表

校长、年级/学科和教师个人工作计划表，是对"月/周历表"的再细化。应依据学校"月/周历表"的安排确定其主要内容，不同种类的工作计划表，实际上是学校发展规划文本中的配套文本，即各职能部门以及个人（校长及教师们）以学校规划为蓝本，结合自身的工作需要和计划来制订相应的任务安排，同时，既要保证落实"月/周历表"中的工作，又要统筹安排学校的整体工作，还要兼顾部门和个人的分内工作。行动计划表能够使学校部门及个人的工作具有针对性、计划性、连续性，克服工作中的盲目性、重复性、无责任性和无序性。

校长是学校工作的第一责任人，对学校发展规划的制订和实施起着引领、指导、检查和监督的重要作用。校长的行动计划既要贯彻学校发展规划中的总目标及其活动与措施，又要突出个人分管工作的目标与任务，还要发挥出对部门和教师个人行动计划的示范和指导作用。

由于学校规模大小不同，年级/学科工作计划可按具体情况而定。

如学校规模大、教师多的学校，年级/学科工作计划应发挥连接学校整体规划与各相关群体及部门具体工作安排的关键作用。

教师个人工作计划是学校发展规划表最基本的组成部分，每学期做一次。教职工每个人只要承担某一工作，就应该有一份相应的行动计划。个人行动计划丰富充实，有利于落实学校的总目标。教师工作计划制订方法与校长行动计划的制订方法相类似。在制订前，要充分征求直接上级、所属部门、同组教师及所任班级学生的意见和建议，既能够保证完成组内分解的目标任务，又解决好自身存在的主要问题。

三、文本答辩及修改、审定

（一）文本的答辩

文本答辩是在制订和实施学校发展规划中起承上启下作用的关键步骤，是对学校发展规划的文本内容进行审核的一种重要方式，由上级主管部门如教育局、学区或中心校代表、其他学校代表、专家代表等组织成立答辩委员会，校长为自己学校的文本进行解释，并回答上级教育行政部门人员及专家等的提问。其目的是为了检验文本内容的合理性、规划实施的可行性和操作性，了解校长对文本的整体把握，以及帮助校长进一步厘清学校发展的工作思路。答辩不仅有利于学校进一步发现在文本制订过程中文本结构和内容上存在的问题，同时，答辩促使学校校务工作公开、透明，有利于学校与社区、学校师生以及教育主管部门的进一步沟通，并可以借答辩的机会向其他学校、专家和社区成员征询文本的修改意见，进一步群策群力、集思广益，更好的修改、完善学校发展规划文本，促进学校有目的的发展。

一般来说，答辩分为三个阶段，即准备阶段、实施阶段以及反馈阶段，具体操作过程如下。①

第一阶段：准备阶段

教育主管部门和各答辩学校应事先沟通和协商，制订出答辩计划。

第一，明确答辩时间、地点、程序以及参加答辩的学校名单和顺序。答辩时间和地点，教育局应与学校协商，一旦确定后，要提前两个星期通知学校。答辩的地点可选在学校，也可在教育局。

第二，学校应提前向答辩主管部门提交文本和答辩人名单，了解参与答辩旁听人员的情况。答辩人一般不超过两人，答辩旁听人员的组成应包括相关社区的代表和学校师生的代表，学校发展管理委员会的成员最好参加答辩旁听。

第三，明确答辩委员会成员的组成、答辩旁听人员的组成。答辩委员会的组成应当具有代表性，既要有教育主管部门的管理人员，也应该有从事教学和教育研究的专家，并尽可能保证有社区的代表参加。答辩委员会的规模可根据实际情况来组织，建议以 6～8 人左右为宜。

第四，主管部门应保证把参加答辩的文本提前送给答辩委员会成员，要保证答辩委员会的成员有充分的时间来提前阅读、了解情况。

第二阶段：实施阶段

这一阶段一般有五个步骤，答辩过程的记录及结果应存档，并向有关学校和主管部门通报结果。

---

① 张兆勤，白天佑，胡文斌．学校发展计划指南[M]．北京：教育科学出版社，2008：64．

第一，主持人介绍。答辩委员会主任宣布答辩的基本要求和程序，介绍答辩委员会的成员和答辩学校、答辩人以及答辩旁听人员的简况。

第二，答辩人陈述。由答辩学校的校长陈述，要求校长在 20 分钟内脱稿陈述文本的主要内容，主要包括社区概况、学校概况、学校发展愿景、现状分析及需要解决的问题，以及本学年学校发展的主要目标与具体活动等。

第三，答辩委员会提问。由答辩委员会成员根据事先准备的提纲进行提问，答辩人回答提问。答辩旁听人员和答辩委员会成员可以自由提问，由答辩人回答或做出解释。

第四，答辩委员会总结。自由答辩结束后，答辩委员会主任委员宣布休会，由答辩委员会单独交流意见，做出对答辩学校的评判及建议，复会后当场宣读，答辩结束。

第五，答辩意见反馈。由答辩委员会以书面形式向答辩学校提供反馈意见，答辩学校根据反馈意见修改、完善文本。

答辩委员会可以参考下表形式书面反馈答辩结果或意见。

表 4-9　答辩意见反馈表

答辩学校			
答辩时间		答辩地点	
答辩小组成员			
文本内容	意见和建议		
第一部分 社区概况及变化			
第二部分 学校概况			

续表

第三部分 学校现状分析	
第四部分 未来学校发展愿景	
第五部分 学校发展的主要 目标与具体活动	
第六部分 学校月/周历表	
第七部分 校长工作计划表	
第八部分 年级/学科工作计划表	
第九部分 教师工作计划表	
第十部分 本学年学校发展规划 的监测与评估	

文本总体评价：

答辩专家委员会成员签名：

年　　　月　　　日

第三阶段：反馈阶段

答辩结束并获得答辩结果的通报后，学校应该召开学校发展管理委员会会议，讨论文本的修改。修订后，向主管部门递交文本，请求实施前的最后审批。

 相关阅读

校长如何进行成功的答辩①

答辩是校长必须经历的一个过程，需要在准备和现场答辩等环节进行专门研究，精心策划，才可以做到成功。

首先，校长的准备要充分：要熟悉程序，亲自参与程序制订过程；掌握文本内容，必要时进行反复练习，明确主次关系；预设可能提出的问题及对策；沉着、冷静，做好心理准备；合理分配时间，把握全局，突出重点。

其次，校长答辩时做到：陈述全面，详略得当，问题、目标、活动措施是陈述重点；有问必答，抓住关键，但暂时做不到的事情，不能承诺解决；态度诚恳，虚心求教，才会得到大家的支持和帮助；思维敏捷，随机应变，记录要点，必要时进行反问；实事求是，讲真话，讲实话，不回避尖锐问题；语言精练、准确、文明；仪表端庄，神态自然，精神饱满。

另外，答辩结束时，校长要感谢各方面的参与和支持，承诺可以解决的问题，并呼吁大家互相配合，齐心协力，共同促进学校的进一步发展。

---

① 张兆勤，白天佑，胡文斌．学校发展计划指南[M]．北京：教育科学出版社，2008：64.

　　校长、答辩委员会、会议组织者和观众各个方面通力合作，才能做好答辩工作。

　　• 校长需要注意：

　　——必须亲自参加答辩，对文本内容进行脱稿陈述，不能让他人替代。

　　——陈述的时间不超过二十分钟；。

　　——陈述的主要内容为制订过程、概况、问题类别、目标、措施等。

　　——对答辩委员会成员的质询给予解答，并做记录。

　　• 答辩委员会成员需要注意：

　　——指定一名成员主持答辩会，并对每所学校的答辩做出简要评价。

　　——提前翻阅答辩学校的文本，做摘要记录，指导文本后期修改。

　　——根据成员的特长，在组内做出质询分工。

　　——控制好时间，质询时间不超过二十分钟。

　　• 答辩组织者需要注意：

　　——提前布置好会议室，如会标、桌签、音响等。

　　——做好通知，如人员、开会时间、地点和注意事项等。

　　——安排会议记录人，摄像师等。

　　——组织答辩委员会（或答辩小组），尽可能邀请上级领导和各界代表参加。

　　• 其他参与者需要注意：

　　——保持安静，遵守会议纪律，必要时也可举手提问。

(二)文本的修改

文本修改是一个"广泛参与""自下而上""自上而下"相结合的过程，只有不断修改完善，才能最终成为集体智慧的结晶。所以，在制订文本时，校长要随时听取各方面的意见建议，将合理的部分吸收到学校发展规划之中。一般而言，修改要经历四个阶段。

第一阶段，校内讨论定稿。

学校在广泛征求校内外各界人士的意见、建议后，分析现状，通过排序找到制约学校发展的突出问题，并提出解决问题的办法。根据办法的可行性，确定每个问题的奋斗目标和相应的措施，再将学校的目标根据学校内部岗位设置逐级分解。在这个过程中，校长要尽可能广泛地征求学校管理委员会成员和学校师生等的意见与建议，这是防止学校发展规划脱离学校实际的最根本方法，千万不能闭门造"本"。

学校初稿完成之后，可以自己在校内组织讨论，听取来自学校直级上级和社区、师生各方面的意见建议，会后根据意见对文本做第一次修改。

第二阶段，答辩前的修改。

为了参加校外的答辩，学校要根据上级的要求，做答辩前的最后准备过程，这一过程中会听取教育局、有关专家的指导意见，对文本做出第二次修改。

第三阶段，答辩后的修改。

校外答辩即学校到学区或教育局参加答辩，校长要充分地利用这次答辩会的机会，让各方面的专家多帮助、多提出修改意见，侧重点应放在所找的问题是不是学校存在的真问题，确定的目标是否切合学校的实际（过高或过低），每一个目标下的活动措施是否可行、能否保证目标的实现，学校的目标是否做了合理的分解等方面。学校发展规划答辩委员会的成员，要通过答辩前的阅读和答辩中的质询情况，对每一所学校发展规划的制订给一个总结性的评估。校长根据答辩中的意见对文本做第三次修改。

第四阶段，实施过程的动态修改。

在实施过程中，由于实施的环境与制订文本过程环境的差异及变化，都有可能影响到文本的执行效果，因此，在实施的过程中会有一个动态调整计划的过程，比如进度的调整、活动措施的变化、临时性的任务增加等。这是对文本的第四次修改。但这个修改一般只能是一种微调，不宜做太大的改动。而且，凡是做出修改的地方，要及时记录，并向学校发展管理委员会做出说明。一些比较大的修改，要事先与学校发展管理委员会商量，适当时候要向全体师生公示通报。

(三)文本的审定

文本的确认与审定，是文本制订过程的最后一个环节。这一环节首先是学校根据答辩的反馈意见，对文本进行最后的修改，经过学校发展管理委员会确认后再次成文，并送交教育局备案存档。其次，由教育局组织人员审核后，批复给学校正式执行。

四、文本撰写及答辩中的问题及建议

(一)文本脱离实际、大而空

由于对学校发展规划重视不够，或怕麻烦、怕辛苦，抑或担心教师、社区成员、家长等提出尖锐问题有损自己的形象，再加上学校繁忙的各项管理事务，致使不少学校管理者并没有认真对待学校发展规划的制订，仓促开始、迅速结束，甚至有的学校发展规划完全是从网络上复制下来再进行局部修改而成的，根本没有从学校的实际出发，也没有征求过相关利益群体的意见，或进行过认真的讨论与研讨。显然，要使学校发展规划文本切实可行，起到应有的作用，就要求学校管理者必须高度重视学校发展规划的制订与实施，既敢于面对实际，冷静反思学校存在的问题、未来发展状况、学校管理方式，又愿意发扬民主，敢于广泛听取各个群体的声音。应深刻认识到，规划的制订与实施不是完成上级交办的任务，而是真正为了更好地培养人才、促进学校发展，只有注重集思广益、充分听取上级主管部门、相关学校领导、教师、学生、家长等各个群体的意见，特别是不忽视弱势群体的声音，才能制订好、实施好学校发展规划。同时，发展规划的制订也不可能一蹴而就，需要一段较长的时间，应实实在在地做好"分析问题——提出目标——设计活动"等工作，方能使规划切合实际，发挥应有的作用。

(二)文本内容不完整

学校发展规划文本各部分是存在着严密的逻辑连贯性的，如规划文本中的各类问题与相应目标是一一对应的关系，每个问题的解决办法和对应目标下的活动措施也具有对应关系。在实现目标的各种活动措施中，除涉及校长或教师个人完成的以外，都需要经过一定的汇总后在"月/周历表"中一一反映出来。同时，学校的目标还要逐级分解，形成一个整体，确保学校发展规划文本的系统性和完整性。但一些学校的文本总是不完整，表现为：没有分解目标，或缺部分文本，或缺页码，或不填写附件，甚至缺少教师的个人行动计划等。针对这种情况，一是要明确校长的责任，校长是学校发展规划的第一责任人，应起到督促、检查、指导作用。二是教育局要把学校发展规划纳入日常的行政管理体系。三是要上级主管部门及时行使权力，进行监督、检查和指导。四是要靠学校教师的密切配合，真正把学校发展规划作为管理学校的有效手段。

(三)问题不具体、没有针对性

由于不少学校发展规划对问题的描述过于笼统、不具体，不仅难以用 SMART 目标过滤器进行衡量，而且也导致解决问题不彻底或根本就无法解决问题。常见的描述有"学校管理不善""教学质量差""学生行为习惯不佳"等。虽然这些都是问题，但"不善""差""不佳"太笼统，无法为其确定一个明确的目标。因此，在广泛征求意见或研讨时，学校管理者要通过现象看到问题的本质，可通过追问或查找相关文献，一步一步把问题描述明确、具体。如提到"教学质量差"，就要深入一步挖掘："是全校还是某一个年级？是一门课程还是所有课程？是一次考试还是历年来均是如此？"如果具体到"六年级学生双科合格率低"时，可以再进一步追问："双科合格率到底是多少？"显而易见，如"本学期六年级学生双科合格率低，只有 35％"才是一个具体的问题。至此，可根据全区其他学校六年级双科合格率，以及该校六年级教学实际，确定一个具体的目标(用 SMART 原则衡量)，如确定"下学期把六年级学生双科合格率提高 10 个百分点"为发展目标就具体了。

(四)发展目标的适切性问题

目标是否符合学校发展的实际需求，直接关系到学校发展规划中有关活动及措施的可行性和可操作性。目标设定过高，超出了学校及社区教育资源能力的范围，无论怎样努力都不会实现，导致学校和社区参与者力不从心，容易挫伤大家的积极性和工作热情，甚至对学校发展规划产生怀疑，使学校发展陷入被动局面。而目标设定过低，学校现有教育教学资源得不到充分利用，也会造成人力、物力、财力等的浪费，特别是学校和社区的主观能动作用得不到发挥，同样也会影响学校和社区成员工作的积极性，久而久之会造成人心涣散，使学校工作失去活力、发展没有后劲。因此，在制订学校发展规划时，一定要结合学校和社区的实际，把握好制订和实施学校发展规划的"四个基本原则"，即"自下而上""实事求是""切实可行""轻重缓急"，针对目前产生的问题，确定一个"不高不低""不远不近""不大不小"的合理发展目标。根据解决问题的各种方法，再筛选出切实可行的相关活动及措施，反过来，用衡量目标的可实现程度，调整和完善发展目标。

另外，有的学校管理者虽然按程序确定了学校的总目标，但没有及时把学校的目标分解到其他学校领导、各处室，也没有具体分解到每一位教职员工的身上，使得教职工个人的工作计划与年级/学科以及学校整体的规划相脱节，不能结合在一起朝着共同的方面努力，这无形中导致学校发展目标与教师发展的割裂，不仅学校目标难以按期实现，也造成教师任务多、压力大，精力和资源的浪费等诸多问题。因此，学校发展目标确定后，学校管理者应立即组织研讨，把发展目标、任务等逐级分解，形成一个整体。学校中层领导要再把这些目标、任务及时分解到每一位教职员工的身上。每学期末或学年结束考核时，进行逐项考评，才能确保学校发展目标的全面落实。

(五)有关活动或措施缺乏实效性

学校发展规划中提出的活动或措施，是为了实现学校发展目标而采取的行动。要实现一个目标，一般需要有几项具体活动、某些措施来完成，而这些活动或措施必须要在逻辑和时间上与目标之间保持内在的连贯性、一致性。每个活动或某项措施的安排应尽可能的准确、到位——何时开始、何时结束、谁负责、如何做等都要清楚明了。否则，将直接影响目标实现的效果。如某小学在学校发展规划"学生学业成就与综合发展"一栏中提出："将学生安全事故发生率由上学年的0.8%降到0.5%以下"，而要完成这个目标，所确定活动和措施却只有"加强安全教育、落实班主任责任"两项。很明显，这两项措施很空洞，没有具体的活动内容、起止时间、活动方式、负责人等，不能体现安全教育的广泛参与和多方配合。这样的活动或措施没有可操作性，不能保证安全教育的真正落实，无法达到降低事故发生率的目标。

因此，学校发展规划的制订与实施也要求学校管理者逐步养成良好的工作作风，克服以往"只安排、无措施、不监测"的习惯，在确定"活动及措施"时一定要考虑到"做什么、怎么做、谁来做、什么时间完成"等几个重要因素，还要考虑活动之间的衔接和呼应，这样才能确保"活动或措施"的实效性。

(六)陈述语言及问题回应

1. 陈述不全面或超时

一些校长因为演讲水平、语言能力、普通话水平等方面的欠缺，没有陈述完文本主要内容就超时了。为了避免这种情况，主持人在答辩前，要明确提醒校长陈述的时间限制。临近结束前三分钟或者一分钟时进行提醒，超时用敲杯子等适当的方式停止陈述。校长要合理分配陈述时间，做到详略得当。比如：制订过程陈述用5分钟，两个概况陈述用4分钟，学校现状和展望陈述用2分钟，存在的问题、目标、措施陈述用8分钟，其他陈述1分钟等。正式答辩前校长要对制订过程和文本内容进行归纳整理，抓住重点，有条理地进行脱稿复述练习，以便完全熟悉文本内容。

2. 无法应对答辩中的提问

在答辩时，答辩小组会提出多少问题、提些什么问题，这是每一个参加答辩的校长都十分关心的问题，同时这又是一个很难把握的问题。因为每个学校的文本各有自己的内容、形式、特点和不足。根据文本的不同情况，答辩委员会成员的提问也会千差万别；另一方面，即使是同一个文本，不同的答辩委员会成员所要提问的重点也会有所不同。但实际上，答辩委员会成员拟题提问是有一定的范围并遵循一定原则的。了解答辩委员会成员的出题范围和原则，对校长如何准备答辩是有帮助的。提问一般不会是与文本内容毫无关系的问题，通常会从"检验真伪""探测能力""弥补不足"三个方面提出问题。

• 检验真伪：就是围绕文本的真实性拟题提问。它的目的是要检查文本是否为学校自己制订的。如果只是抄袭他人的成果或是闭门造车，就难以回答出这类问题。

• 探测能力：这些题目与文本内容相关，用来探测校长管理水平高低、基础知识是否扎实，掌握知识的广度深度如何，主要涉及学校发展规划的概念、技巧工具以及应对各种挑战等方面的问题。

• 弥补不足：这是指围绕文本中存在的薄弱环节，如不清楚、不详细、不周全、不确切以及相互矛盾之处拟题提问，请作者在答辩中补充阐述或做出清晰解释。

第五章　学校发展规划的实施

第一节　实施前的准备

一、关键步骤

(一)深入宣传与动员

学校发展规划虽然是以一定的文本形式呈现的，但是规划制订出来之后不能仅仅挂在墙上，而要将其在学校中实际实施，发挥其真正的引领、促进作用，这才是制订学校发展规划的意义所在。在实施学校发展规划的初期，必须要在全校师生和社区群体中进行动员，开展深入的宣传，以保证学校全体成员都能够对学校发展规划及其实施有必要的了解。

在深入宣传学校发展规划的过程中，需要重申或强调学校组织的共同愿景，将其作为推动学校发展规划实施的内驱力。彼得·圣吉在其代表作《第五项修炼——学习型组织的艺术与实践》中提到："共同愿景不是理念……它是人们内心的愿力，一种由深刻难忘的影响力所产生的愿力"，"个人愿景是人们在自己头脑里的图景和画面，而共同愿景则是整个组织中的人们内心的图景"，"对于学习型组织而言，共同愿景是至关重要的，因为它是学习实践的焦点，也是其动力来源"。①在他看来，学习型组织具有以下几个特征：组织成员都拥有一个共同的愿景，像黏合剂一样将不同个性的人凝结在一起，朝着共同的组织目标前进；组织中拥有多个创造型的个体；组织能够并善于不断学习，即终身学习、全员学习、全过程学习和团体学习；组织成员自主管理等。

作为一种典型的学习型组织，学校在发展过程中，共同愿景具有不可替代的重要作用。规划实施开始之初，在全体学校成员中重申共同愿景，描述学校发展的整体目标和基本策略，主要能够起到以下几个方面的作用。

首先，认清学校的发展方向。共同愿景作为整个组织的发展图景，为学校的发展绘制了蓝图，并帮助学校在发展过程中遇到迷茫、挫折的时候指明前进的方向，就像大海中为航行的船只点亮征途的灯塔一样；组织成员也能根据共同愿景确定自己的行为标准、个人发展目标，使得个人的发展能够促进组织的发展，同时在组织发展的过程中实现自我的价值。

其次，将组织成员凝聚起来。学校组织中的每个个体：校长、教师、学生都有各自的个人愿景，而组织的共同愿景则是以这些个人愿景为基础不断提炼出来的。在提炼的过程中，求同存异、调和分歧，形成一个共同的追求、共同的理想，将散落的点点星光汇聚起来，形

---

① 彼得·圣吉. 第五项修炼——学习型组织的艺术与实践[M]. 北京：中信出版社，2009：203.

成一道亮眼的光束，照亮学校发展的目标，指引大家朝着这个方向前进。

再次，发挥愿景的激励作用。愿景作为一种内驱力，其所能起到的激励作用远远大于其他外部激励作用。外部激励的作用遵循"倒 U 形"曲线，即激励物达到一定程度后其所起到的激励作用并不随着激励物的增加而增加，反而会降低。而真正的共同愿景能够让学校全体成员达到认同，并且心向往之，从内心深处愿意为之奋斗，而非只是表面上的"顺从"。

最后，为学校发展成果的检验提供标准。共同愿景作为一个组织的远期目标，能够对未来的发展做出一定的预期。因此，共同愿景能够为学校的发展成果提供一定的检验标准，并对一些偏离学校发展规划的行为进行调整，保证学校的发展能够按照发展规划逐步推进。

对学校发展规划的宣传要尽可能拓展宣传渠道，扩大覆盖范围，充分利用各种宣传媒介，如校园内外的宣传栏、刊物、标语、广播等，召开教师会议、家长会议、学生会议、社区会议等，让校内外全体成员都能够深刻了解学校发展规划的理念、原则、基本内容、实施策略等，将全校师生、家长和社区成员都吸纳进来，成为实施学校发展规划的主人。

此外，学校还可以将已经制订的学校发展规划文本印刷装订成册，发放到学校发展规划管理委员会、学校领导班子成员、全体教职员工、社区代表、家长代表等。也可以针对不同的群体印发文本的不同部分，使各个群体能够更有侧重性地了解学校发展规划的具体内容。

(二)全员参与

学校发展规划的制订过程是"自下而上"(Bottoms Up)、多个群体共同参与的，但是为了保证学校发展规划的顺利实施，"自上而下"的推广则是一条必经之路，上下结合才能促进各项工作的具体落实。在校长的引领下，动员学校内外群体包括教师、学生、家长、社区代表，以及学校外部的其他利益相关者等，充分调动这些成员的积极性，保证学校发展规划的顺利实施、产生实效。

1. 校长引领

校长作为整个学校管理团队中的领头雁，不仅是管理者、决策者，更是学校发展的指挥者、引导者。在学校发展规划的实施过程中，校长的引领作用是不可替代的。从制订规划开始，校长就要全程参与其中；在实施之初，校长对发展规划所表现出的热情与信心能够在很大程度上激发全体教职工、学生、家长和其他利益群体的积极性，为发展规划的顺利实施开一个好头。

校长引领可以通过以下几种形式进行：

首先，校长要将自己的日常管理工作中纳入学校发展规划，真正将学校发展规划应用到学校管理中来，而不是文本与实践互不干涉，或将文本束之高阁，仍然沿用旧有的管理模式。校长在转变自身管理理念、改善管理实践的同时，还要引领学校管理委员会、学校各部门负责人、全体教职员工转变自己的思想观念，加深对学校发展规划的认识，调动大家的积极性，推动发展规划的实施。

其次，邀请专家进行培训。在学校发展规划制订之前，专家应就发展规划的内涵、意义、制订方式等问题对教师、学生和社区成员进行相关培训，使他们对学校发展规划有一定程度的了解。在实施阶段，专家主要针对实施过程中可能出现的问题和需要注意的方面进一步培训，以保障学校发展规划的顺利实施。此外，由于专家拥有深厚的理论基础和前沿的视角，能够为学校发展规划的实施提供咨询建议与智力支持，其意见有一定的权威性。加之专家"局外人"的身份，提出的建议往往更加客观。校长可以定期邀请专家深入学校，利用专家兼具的权威性与客观性的特点，更好地推动学校发展规划的实施。

最后，可以邀请实施学校发展规划经验丰富的校长做讲座，介绍自己的成功经历，以"成功者"的身份鼓舞士气，帮助学校整体建立信心、决心，为顺利推进学校发展规划树立榜样。在选取成功案例时，应尽量选取与自身学校情况相似学校的校长，这样"外来"的经验更容易实现"本土化"，并且能够获得教师、学生、家长和其他社区成员的信任。

2. 学校相关群体的参与

首先是教师的参与。教师是学校组织的重要组成部分，也是学校发展规划的主要实施者。教师在与学生的直接接触过程中，能够获得很多一手资料，对学生自身情况、家庭背景、社区环境等都有自己的见解，对这些情况进行分析，才能制订出更加适宜的工作计划。及时听取教师的意见，保证教师的参与才能保证学校发展规划真正地落到实处，并且根据他们在实际教学工作中发现并及时反馈的问题，对发展规划进行调整和优化，动态的实施过程才能保证学校发展规划的适切性。此外，教师积极参与学校发展规划的实施，也能够促进教师实现自我管理，使他们成为学校管理的主体。

其次是学生的参与。学生作为学校生活的主体成员，他们的全面健康发展是学校发展规划最重要的目标，因此，学生的参与是学校发展规划实施的重要部分。联合国《儿童权利公约》中对儿童的参与权是这样规定的，儿童有"参与家庭、文化和社会生活的权利"，"有权对影响他们的一切事项发表自己的意见"①，成人应尊重儿童的意见。如果仅仅从成人的视角实施学校发展规划，很大程度上将会忽视儿童的声音。引导学生积极参与、体验民主，发挥他们的奇思妙想作用，就能够极大地拓展学校发展规划实施的边界，同时充分体现学生的主体地位。

最后是家长参与。家长群体的身份较为特殊，既带有校内群体的特点，也有校外群体的色彩。家长作为学校与社区之间沟通的重要桥梁，能够将校园内的信息传达给社区其他成员，同时也能够将校园外的信息带给学校的教职员工。家长作为学校发展的一笔宝贵财富，在学校发展规划的实施过程中出谋划策，排忧解难，作为学校的好帮手，发挥着非常重要的作用。因此，积极引导、鼓励家长参与学校发展规划的实施十分必要。

3. 其他相关群体的参与

学校外部群体有很多，其中主要有两大类，一是学校发展规划管理委员会；二是学校的上级行政机关。

首先，学校发展规划管理委员会在实施过程中要充分发挥咨询和督导的作用。委员会成员除校长、师生代表等校内群体之外，还有社区成员代表等校外群体，这些人员具有广泛的代表性，可以作为整个社区人员构成的缩影，可以说，他们是学校所在社区的代言人。他们可以利用自身了解的信息对学校发展规划在实施过程中遇到的困难提供咨询建议，利用相关社区资源对学校的改革提供支持，并对实施进展进行督导，针对实施情况与社区成员保持时时沟通，发挥帮助与监督的职责。

① 百度百科——"儿童权利公约"［EB/OL］.http：//baike. baidu. com/link?url=a9i_qgfUfBbpJQHbNnQsogfRXs7lwwdCTRnFV0HjcdRapl5y81iqpgDGqMh-B4xk，2013-08-19.

其次，学校的上级行政机关主要指的是教育局、教委等行政机构。学校制订和实施发展规划，都离不开上级行政机构的指导与支持。教育局、教委应全程参与，制订相关制度保证教学资源的合理调配，以帮助学校发展规划的顺利实施；同时对实施过程中出现的不合理状况及时监督、提出调整意见，积极配合学校改革，帮助校长提升领导力、促进教师专业发展，实现学生全面、个性、自主发展。

二、注意事项

(一)避免出现人少或无人实施的情况

一些学校发展规划在制订的时候轰轰烈烈，各个群体都积极参与，可到了实施的时候，却没有人真正将其作为自己的行动指南，大多数时候是校长一人实施规划，更有甚者，文本制定出来后没有一个人真正实施。为了避免出现"纸上的规划"，除了在制订规划时应实事求是、防止空谈规划、脱离实际之外，还应该在实施规划的准备阶段，做好宣传和动员工作，真正做到在学校内和社区内对于学校发展规划人人知晓、人人参与，实现发展规划从文本向行动、结果的过渡。

 案例分享

纸上的规划[①]

制订规划的时候轰轰烈烈，规划的目标高高在上，仿佛掌声已响起，鲜花已盛开，一派迷人的景象……规划醉了！稍有思想的领导者

———————————

① 教育部人事司. 爱生学校与学校管理[M]. 北京：北京师范大学出版社，2010(3)：84.

还把规划提交全体教职工讨论，没有牵涉教职工利益的，大家都齐刷刷地举手表决通过；邀请专家论证，一片赞扬声与高度评价声，仿佛美好的明天已经跑步来到了身边……规划飘了！啊！一切都胸有成竹，一切都OK！起步……

规划的实施阶段，一切都冷冷清清，学期的工作重点与规划无关；学年的工作总结不见规划；规划的指导思想平时都不见影踪；规划啊！规划！你现在走到了哪里？在哪里歇息呢？……规划睡了！

盼啊！盼啊！又盼来了新的一届领导。规划又被重视了，不过被重视的是它被克隆的弟弟，它将和前一个大哥一起到柜子里长眠了。纸上的规划能有多少困惑呢？

(二)明确分工，以承诺的形式确定责任

在发展规划实施前的准备阶段，很重要的一项工作就是要让每一个参与发展规划实施的群体和个体做出相应的承诺。以学校发展规划文本为目标，以实际工作情况为依据，不同的群体和个体分别做出与自身情况相适应的承诺，将共同愿景深深地烙印在每个人的心里，发挥愿景的导向和激励作用，推动发展规划的顺利实施。承诺不能仅仅停留在口头上，应该以文本的形式确定下来，也就是将承诺转化为责任的形式，在对全体成员形成约束的同时，也能够在日后作为检测发展规划实施情况的依据。

第二节　实施过程

一、关键步骤

(一)任务分解

学校发展规划作为一项总体性规划，具有全局性、总揽性的特

点，在具体实施的过程中，需要将不同内容、不同时期、属于不同部门的任务进行分解、细化，让每项任务都具有可操作性。在实施过程中，学校发展计划管理委员会、校长、教导主任、总务主任、教研组长、年级组长、班主任、授课教师和其他相关人员等都要明确任务，必须清楚地知道工作内容、工作程序、完成时限、具体要求等。[①]

　　学校目标确定后，校长要立即把这些目标、任务向下分解，学校中层领导又要把这些目标及时分解到每一位教职员工的身上。每学期末或学年结束时，进行逐项考核，才能确保学校目标的全面落实。如果没有及时把学校的目标分解到各处室，也没有分解到每一位教职员工的身上，容易导致学校工作与部门和个人工作计划相脱节的问题，学校目标也难以按期实现。

（二）形成配套工作计划

　　工作任务分解之后具体落实到每个部门、每个人，在完成工作时还需要制订相应的工作计划，以保证该项工作按时高质量地完成。如果说学校发展规划是一个学校在一段时间内的工作计划，那么在其引领下的每项具体工作，也需要计划来进行规范。配套的工作计划按照不同的标准有不同的分类。

　　首先，按照工作计划的时间跨度可以分为短期计划、中期计划和长期计划。一般来说，长期计划是指时间跨度达到五年以上的计划，要明确组织的长远发展目标、发展方向和发展途径，具有纲领性；中期计划一般在一年以上、五年以下，属于长期计划的一个组成部分，同时又是制订短期计划的指导依据，有上下衔接的作用；短期计划一

---

　　① 张兆勤，白天佑，胡文斌．学校发展计划指南［M］．北京：教育科学出版社，2008：64.

般指一年以内的计划，主要是较短时间内的工作安排和一些在短时间内能够完成的具体工作计划。①由于时间跨度不同，各项计划的稳定性也不同，其中，长期计划由于历时较长更需要实时调整。具体到学校发展规划的实施中，各个部门或个人都需要以发展规划为依据，以工作任务为内容，具体制订适合本部门或个人发展的工作计划。

其次，按照计划的执行主体不同，又可将计划分为学校计划、部门计划和个人计划。其中学校计划可以理解为学校发展规划，部门计划是部门依据学校发展规划目标制订的具体行动方案。部门之间的和谐、团结与具有创造性的合作，是规划实施的有力保障，因此，部门计划不仅应在内容上与学校发展规划要求相一致，而且不同的部门计划之间也应在内容上相一致，更要求各部门在自身计划实施的行动中保持一致。②

学校发展规划实施中的个人计划，主要包括校长个人计划、教职工个人计划和学生个人计划等方面。其中校长个人计划不能简单地等同于学校发展规划，而应该是着眼于校长自身领导力、管理能力的提升，以及其专业成长而制订的个人计划。教职工的个人计划则是为实现其自主发展而设计、基于教职工个人自我职业规划的发展体系，主要包括教职工个人发展目标、现状分析、个人发展与学校发展之间的相互关系、实现个人发展目标应采取的措施、实现目标的阶段划分等方面。学生个人计划则要体现其激励的作用，通过设定目标、实现目标、实现学生的自我激励，同时从小培养学生做规划的习惯与能力，

---

① 许洁虹. 管理学教程[M]. 广州：中山大学出版社，2005：67.
② 韦毅，洪涛. 学校发展规划与特色创建[M]. 长春：东北师范大学出版社，2009：86.

也有助于其更好地规划自己的人生，以达到更高的人生高度。

 案例分享

中期计划

上海市闸北第八中学 2013 学年第二学期学校工作计划（节选）①

——以教学工作为例

本学期，各项工作中以成功教育的理念为指导，牢固树立全面育人、和谐发展的质量意识，继续发扬成功教育开拓创新、与时俱进的优良传统，为"成功教育"改革与发展，为学校工作再上新台阶而努力奋斗。

一、教学工作

初中部

在校长室的领导下，初中教导处以学校的中心工作为核心，以学期初的工作计划为目标，进一步领会二期课改的精神，进一步深化成功教育的研究与改革，牢固树立"质量是学校的生命线"的思想，强化教学常规管理，贯彻和执行刘校长的成功教育思想，全面完成教学工作和任务。

（一）抓考务促常规，提升教学管理水平

1. 抓常规，从考务管理切入。

本学期考试密度大、涉及面广，有多个年级的期中、月考、期末考试；初一（地理、信息科学）、初二（历史）学业考试；初二期中区统

---

① 上海市闸北第八中学 2013 学年第二学期学校工作计划［EB/OL］. http：//www.zhb8zh. edu. sh. cn/articleContent. aspx? id＝103，2014-02-19.

考；初三区模拟考。教导处高度重视，严格考务管理，从考前的命题、制卷、试场布置，考中的监考、巡考、广播、司铃，考后的装订、阅卷、分析、反馈、存档等等，教导处都严密组织、严格管理，注细节，重规范，提升教学管理水平，为学校形成好的考风、好的学风、好的校风打下了扎实的基础。

2. 认真执行《教导处工作职责》和《教研组长工作职责》的工作流程。

3. 做好初三的网上报名工作。

4. 落实闸北八中的教学常规工作。

5. 组织好学校的日常教学和教研活动。

教导处定期召开教研组长会议（每两周一次）。注重教研组建设，加强教研组活动的指导，采用业务学习和教学公开研讨相结合，每次活动做到定内容、定时间、定地点、定记录。本学期教导处将进行两次教案检查，各教研组进行教案、作业、听课笔记的常规检查。初中一部分备课组实行联校备课，与其他几所学校一起研讨，取长补短，学习其他学校的经验，共同提高；备课时间，学校定期检查备课情况。

本学期进行两次作业检查。由学校领导、中层、教研组长、备课组长一起对各个年级各学科作业进行集中检查，并及时反馈检查结果。

要求每位老师使用绿橄榄，班主任、备课组长、教研组长、年级组长的工作计划、活动记录、质量分析、工作总结、经验传承等全部上传绿橄榄。每位教师的听课记录、作业布置、考试成绩等上传绿橄榄。

6. 密切与家长的联系。

本学期由教导处组织、年级组长负责，各年级针对学生的实际情况和各年级工作的重点和特点召开学生家长会，与全体家长进行家校合作教育的探讨，特别是初三多次召开家长会，指导家长填报志愿，指导家长疏解学生所面临的升学心理压力等，保证家校教育的统一步骤，推动了学校的教育教学工作的顺利开展。

7. 建立学生对教学工作的反馈机制。

本学期加强作业检查力度，安排二次检查，由年级组长、教研组长、分管领导共同参与检查，规范作业格式、批改格式。

定期召开学生座谈会，由分管年级领导和年级组长一起组织学生座谈会，了解教学情况。在学期结束时全校学生对教师进行"教师满意度调查"，并将调查结果反馈给每个教师，个别问题由校长室和教导处与有关老师交流、沟通，对出现的问题进行整改。

(二)抓两头促中间，提高教育教学质量

从宏观上讲，所谓"抓两头，促中间"，就是要通过抓起始年级的组建和良好班集体的形成，通过抓毕业年级的备考和应试，来促进其他年级的各项工作的展开和落实。从微观上讲，所谓"抓两头，促中间"，就是班级要通过抓学习困难学生、保学习优异学生来带动整个班级的进步和提高。

1. 重点抓好：预备、初一年级的良好班集体(学风和班风)的形成；初二、初三年级的教学常规(备考和应试)工作。

具体目标：

中考：确保区中等偏上的位置；力争稳定在公办学校的前列；合格率和普高率稳中有升。

定期召开全体初三年级班主任会议、初三体育教学工作会议、全体教师会议，分析研究学生的学习情况，思想情况，肯定成绩，找出差距，确定新目标，抓本清源，完成学校确定的工作目标。

2. 其他年级抓好常规教学，打好基础。

3. 加强教研组、备课组工作。各学科、各年级组教学质量监控分别由教研组长、年级组长负责。具体落实教学工作时，充分发挥"两个中心"的作用，即学科教学以备课组长为中心，班级教学质量以班主任为中心的协调作用。

4. 抓教学详案和学案的编写和修改，课件的重新整合和练习册（基础题、专题卷、实验题、补缺补差）的不断完善，加强针对性提高效益。鼓励写电子教案，力争教案个性化，研究讲、练、想结合，研究问题情景的设计。

本学期进行三次教案检查，第一次在开学初，检查开学两周的教案；第二次在期中考试前，检查期中前的所有教案；第三次在期末前，检查期末前的所有教案。

5. 有针对地开展小型多样的学科竞赛性活动，营造了良好的"比、学、赶、帮、超"的学习氛围。

6. 以体育、劳技学科为代表的小学科重点抓了规范上课、人人带兴趣小组。开展阳光体育活动。保证了正常的教学秩序的有序进行，为学生的全面发展和个性化发展作贡献。

7. 深入研究型拓展型学习，全面提高学生的素质。在抓好教学质量的同时，本学期继续开展丰富的选修活动课，利用暑假开展研究型学习，丰富学生的知识，开拓了学生的多方面能力。

8. 认真抓好抓实初三年级升学考试全面工作，做到细致无误。

点评：上海市闸北第八中学的学期学校工作计划，为接下来一个学期的具体教学工作做出了详细的策划，根据初中部和高中部不同的实际情况和教学目标，细致规划了在教学中需要完成的任务以及需要注意的事项，能够为本学期的教学工作提供很好的指导作用。

短期计划

表 5-1　东莞中学 2009—2010 学年第二学期周工作安排(节选)①

月　　日	周	内容	执行部门(执行人)
2 月 21 日 至 2 月 27 日	1	1. 2 月 24 日开学大会	校务办、教导处
		2. 教职工政治学习(一)	校务办
		3. 做好各班多媒体设备安装调试和使用情况检查	教导处
		4. 做好各年级教材分发工作	教导处
		5. 做好高考英语口语考试设备检修	教导处
		6. 高一、高二年接教学分析会(26 日)	教导处
		7. 调整校本课程(第二课堂活动)安排	教导处
		8. 学校对外公开课主题拟定	教导处(教科室)
		9. 校风校纪检查(一)	政教处
		10. 三月学雷锋活动工作布置(26 日)	校团委
		11. 学校供水供电、直饮水系统的检查工作	总务处
		12. 落实各班卫生清洁负责区	总务处
		13. 学校饭堂工作会议	总务处
		14. 健康讲座	教工会
		15. 教工会委员会议，讨论学期计划、讨论"三八"节女教工活动及宣传方案	教工会
		16. 迎新舞会	教工会

点评：周工作计划相对于学期工作计划来说，需要更加具体和可

---

① 黄灿明．学校发展规划个案研究[M]．北京：中国轻工业出版社，2013：163．

操作性。该计划能够很明确地将需要完成的具体工作条理化，具体落实到各个部门，促进工作的按期完成。

部门工作计划

三山学校 2004 年教务室工作计划（节选）①

一、指导思想

以区教育局的工作思路为方向，紧紧围绕学校的工作重心，加大新课程实施的步伐，在保持学校良好的教学氛围的基础上，努力提高学校的教育教学质量。

二、工作目标

1. 继续发扬初中部教师"脚踏实地、艰苦奋斗、资源共享、团结一致"的团队精神。

2. 继续加强中学生日常行为规范教育和班集体建设，使学校的校风和学风更上一层楼。

3. 进一步深化课程改革，重点提高教师的课堂教学效率。着力培养学生的创新精神和实践能力，探索与实施新课程相适应的教学方法和学习方式。

4. 加强教研组的建设，充分发挥有经验教师和骨干教师的示范辐射作用，加强校本培训、教学研讨课、示范课等各种形式的教研活动，帮助教师更新教育观念，提高业务素质和教学能力，努力提升学校的教育质量。

5. 明确方向，在全面提高教学质量的同时，重点要抓好尖子生

---

① 2004 年教务室工作计划［EB/OL］. http：//www. blssxx. com/show. aspx？nid＝389，2005-11-02.

的培养，使这部分学生在区内各类竞赛中能有较好的成绩，从而提升学校的知名度。

6. 加强教科研建设，教师在新课程实施过程中的经验和体会（心得）要及时记录，并鼓励教师撰写论文；在区内立项的课题要及时结题。

三、主要工作

（一）德育工作

1. 认真学习上级各类文件，提高教师的师德修养，树立正确的育人观和服务意识，坚决杜绝体罚或变相体罚学生情况的出现。

2. 加强《中学生日常行为规范》的教育，通过三项竞赛促进班集体的建设，净化校内的风气；加强对学生自主管理能力的培养，指导学生养成良好的学习习惯、掌握合适的学习方法。

3. 加强学校与社会、家长的联系，要求教师做到及时家访、针对性家访，使家长能及时了解子女在校的学习情况。

4. 继续发扬我校的书法特色；通过黑板报、宣传窗等媒介加强校园文化的建设。

（二）教学工作

本学年教学工作的主要目标：努力提高教师的课堂教学水平；努力提升学校的教学质量；使一部分学生成为真正的尖子生。

1. "教学五认真"抓起，通过各种不同形式进行不定期的检查，为促进教学质量的提高奠定良好的基础。

2. 促进教师之间的相互合作，提倡资源共享，通过老教师的传、帮、带来督促青年教师教学水平的提高。

3. 教研组活动，教研活动要以促进教师成长为核心，紧紧围绕课改的推进和教学质量的提高来开展；要把提高课堂教学水平作为教研活动的基本任务；并探讨如何更好指导学生学习的方法。

4. 加强教师的课改意识，对于新课程实施过程中的心得体会以及经验材料都要及时记载、及时归档。

5. 以评比为导向，以教研组星级评估为手段，建设一支务实、团结、善于研究、战斗力强的教师队伍，更好地为学生服务。

6. 建立和健全学生成长档案袋，记录每学期对学生德、智、体等方面的评价，包括学生的综合素质和学科成绩两方面。

7. 加强对校本课程的管理，继续发扬书法特色，通过各种途径加大宣传力度，并继续保持书法兴趣小组的优异成绩；阅览课程要继续编写学生的读书笔记集；并鼓励学生在校刊上投稿。

8. 各年级、各科教师要切切实实地加强对尖子生的辅导，尤其是数学和科学的辅导；各年级、各学科每学期都要开展学科竞赛，增强学生的竞争意识。

9. 加强科研工作，使科研为教学服务，教学再促进科研的发展。

点评：教务室作为学校中主要的职能部门，主要负责教学和德育工作，该教务室针对自身的主要工作内容，结合学校发展目标，对全年的工作作出了计划。美中不足的是计划中缺少工作成果的期望，应根据计划对学年结束时的工作成果做出相应的预期。

个人工作计划

某教师个人三年发展计划①

一、个人基本情况分析

自参加教育工作以来，我一直是一个有着教育梦想的人——希望自己能成为一名优秀的小学教师，在教育教学工作中，我能认真学习其他教师的长处，随着课改大潮的逐步深入，随着新教育实验的推进，我真正地感受到自己是一个安于现状没有什么进步的人，虽然我在工作中认认真真，尽心尽力地做好自己本职工作，可是由于自己的教科研能力不强，虽然也有几篇论文在市县论文评比中获奖，但是自我感觉功底较浅，再则由于工作环境与生活环境等方面的原因，自己的惰性也就显露得比较多，总是缺少各方面的营养，在这个人才济济的学校里，我更是认识到自己教育理论、专业知识、基本功以及个人文化素养的不足，有待于进一步提高。

二、近期个人发展目标

1. 树立终身学习的观念，不断提升自己的师德修养，学习学校规定的语文知识，提升自己的语文素养。

2. 坚持每天读书两小时，做到读书有体会，上网有博客，提高自己阅读的能力。

3. 重视对有效课堂的研究、实践，在探索、感悟、反思中不断提高自己的课堂驾驭能力，使自己成为一个学习型老师。

4. 利用现代化设备，借鉴网络资源，加强对教材体系的梳理，多看名师课堂实录，取他人之长，补己之短。

---

① 刘含群. 三年发展规划［EB/OL］. http：//www.blssxx. com/show. aspx? nid＝222，2010-09-03.

三、未来三年发展规划

1. 养成良好的阅读习惯，并能有自己的阅读心得或是教育随笔、论文等在市或市级以上教育期刊发表。

2. 树立终身学习的观念，在不断的综合学习中提升自己的语文素养，成为一个有内涵的教师。

3. 关注高效课堂的研究和实践，并能成为有一定个性的县内或市内知名教师，成为学生喜欢、家长放心省心的教师。

4. 锻炼好自己，让自己的专业知识、基本功以及做人都达到一个全新的高度，做一个真正的教育者。

四、具体措施

1. 养成天天阅读的好习惯。

随着朱永新教授的新教育实验不断深入，我真正认识到阅读的重要性。我不仅要阅读苏霍姆林斯基的《给老师的建议》、魏书生的《班主任工作漫谈》、朱永新的《新教育实验之梦》、陶行知的《教育名篇》以及众多教育名家的教育教学专著、专业报纸杂志外，我还将阅读巴金、冰心等国内名家的散文以及国外的名著，在不断地阅读中提升自己的品位，让自己成为一名有语文素养的教师。

2. 做一个勇于课堂实践的老师。

课堂是老师能力检验的一个大舞台，认认真真地上好每一节课，不仅是学生的需要，也是教育发展的最终目标。教育就是要让老师的发展带动学生的发展。做一个科研型的教师，不断地实践、探索、总结自己的教育行为，必将把自己打造成一个科研型的教师、学者型的教师。

3. 坚持写"教学反思"。

"教学反思"是老师专业发展和自我成长的核心内容，坚持反思可以总结实践、升华经验，坚持每天写教学反思、教育随笔，可以提升自己的教育能力，并能有自己的研究方向，形成自己的研究课题，由此形成一整套的成果呈现形式。

4. 加强基本功训练。

"三字一话一画"的老师基本功要不断练习，让自己成为学生心中的榜样，让学生"亲其师、信其道"。由于我的普通话水平不高，在今后的学习中，我也将重点训练，以便更好的与学生进行交流。

5. 利用现代化设备辅助教学。

由于一直处于农村小学，现代化设备配置不够，自己在这方面的能力更是有待于提高，这方面的欠缺也是我今后重点要加强的。

生动的课堂、全面的语文素养，都不是一日之功，我不敢奢望自己一下子成为特级教师，不敢奢望有自己的教育专著发表，但是"心有多大，舞台就有多大"，我会一直朝着心中的梦想迎风起航，虽一路风风雨雨，但是我一定坚持不懈，尽心尽力。

点评：该教师将 SWOT 分析的技术应用于对自身现状的分析中来，对自己当前所处的状态较好地做出了评价，并基于此对未来的工作做出了相应的计划。基于科学的分析才能提出切合实际的计划和目标，因此，无论是个人的工作计划还是部门的工作计划，都要熟练应用各种分析技术，对自身所处的现状做出科学的判断。

(三)明确权责、建立常规制度

从最初的宣传到任务的分解，再到工作计划的制订，每个部门、个人的权责逐渐明晰，最终还需要确立相应的规章制度来细化岗位职责、强化过程管理、健全考评机制，完善相关管理制度，保证规划所需人力、物力、财力资源的投入，保障学校发展规划的顺利实施。

　　学校管理制度的改革与制订应与学校发展规划相适应，遵循系统性、逻辑性、层次性、递进性的特点，以学校发展规划的基本宗旨为主要依据，围绕学校的目标和发展措施来制订。同时还要考虑不同的管理制度之间应相互衔接、相互补充，避免矛盾与冲突。[①]学校管理制度内容广泛，名目繁多。从纵向来说，有高层、中层、基层的各项制度；从横向来说，有各职能部门和各方面工作的制度；从过程来说，有招生、开学、放假，计划、检查、总结等制度。[②]其中，按照纵向分类，高层制度指的是能够统领全局的管理制度，在学校内部，学校章程是现代学校管理的规范性法律文件。中层制度，指能反映学校章程，服务于学校发展规划的学校管理各职能、各环节中的制度，是学校管理制度的主体，起承上启下的关键作用，主要包括论证与决策制度、资源的投入保障制度、学校发展规划实施的检查与总结制度、领导管理的问责制度、保证教职工参与权的教职工代表会议制度、保证学生参与权的学生代表会议制度、人事变革制度等。基层制度，则指的是由中层制度分解而来的、具体操作层面的规定，主要规定了学校发展规划实施过程中一些具体操作问题。包括：访谈与信息收集制度、改革发展目标方向的预测分析制度和学校与社区互动制度等。[③]

---

　　① 陈向阳.学校发展新动力——学校发展计划(SDP)视野下的学校管理变革[M].桂林：广西师范大学出版社，2009：61.

　　② 周立人.学校管理学[M].南京：东南大学出版社，1989：527.

　　③ 陈向阳.学校发展新动力——学校发展计划(SDP)视野下的学校管理变革[M].桂林：广西师范大学出版社，2009：68-70.

北京师范大学南山附属学校"十二五"
(2011—2015)发展规划(节选)①

第四章　保障措施：明确责任，确保落实

为保障北师大南山附校"十二五"战略目标和发展任务的实现，必须周密部署、精心组织、明确责任，确保落实。

(十六)加强党的建设

充分发挥学校党组织的政治核心作用、战斗堡垒作用和党员先锋模范作用，发挥党组织在推进教育改革、搞好教书育人、加强教师队伍建设中的学习制度和领导核心作用。加强在优秀教师、优秀学生中发展党员工作，着力扩大党组织的覆盖面，不断提高学校党建工作的科学化水平，建立健全党内民主决策机制，以党内民主促进校园民主，充分调动民主党派和党外知识分子的积极性，建设和谐校园。重视学校工会、共青团、少先队的工作。

(十七)推进依法治校

坚持依法办学、依法治教，依法保障学校充分行使办学自主权。学校要完善符合法律规定、体现自身特色的学校章程和制度，认真履行教育教学和管理的法定职责。尊重教师权利，加强教师管理。保障学生受教育权，按照公平公正原则对师生实施奖励与处分。开展普法教育，促进师生员工提高法律素质和公民意识，做遵纪守法的模范。

---

① 北京师范大学南山附属学校"十二五"(2011—2015)发展规划〔EB/OL〕.http：//www.bsdfx.net/Message.aspx? id＝265，2011-08-07.

（十八）加强组织领导

明确各级领导、职能部门主管的职责和任务。校长应是"十二五"规划的第一负责人，要负总责，亲自抓，率先垂范，亲自示范，分管领导、中层干部要切实承担压力、负起责任，从而加强学校各级干部的领导能力的实效性，不断提高学校所有教育教学管理人员的思想政治素质和办学治校管理能力。确实加强对规划实施的组织领导，按照规划的部署和要求，对目标任务进行责任分解、任务分工，分阶段、分步骤组织实施，建立实施情况的跟踪、监测和定期公布机制，严格行政问责制，将规划的实施达成情况作为考核各职能部门干部业绩的关键指标，纳入年度考核，与绩效工资挂钩。

（十九）提高服务效能

加强对行政后勤、教辅人员的思想教育和培训力度，增强其践行科学发展观的主动性、能动性，树立服务意识，转变工作作风，提升服务水平，当好学生、教师的服务员，提高为教育教学第一线服务的效能。进一步完善学校后勤管理制度，使后勤人员明确各自工作的目标和职责，增强岗位意识和规范意识，促使学校行政后勤走上专业服务与人性化管理相结合的内涵发展之路。

（二十）营造良好环境

加大宣传力度，向全校教职工和周边社区广泛宣传学校"十二五"规划的重大意义和主要内容，增强全体教职工的责任感和使命感，动员全社会进一步关心支持学校教育事业的改革和发展，为学校"十二五"规划的实施创造校内外良好的周边环境和舆论氛围。

（二十一）保障校园安全

强化安全教育、生命教育和学校安全管理，加强校园网络管理和周边治安综合治理，坚决消除影响校园安全稳定的不和谐因素。健全学校突发事件应急处理管理机制，加强学校信访工作，及时化解矛盾和纠纷。为师生创造安定有序、和谐融洽、充满活力的工作、学习、生活环境。

点评：在该发展规划中专门写明了有关保障措施的部分，将相关保障措施、要求以规划的形式确定下来，对之后建立具体的保障体系、完善相关保障制度有很大的帮助。

二、注意事项

(一)转变管理观念，保证全员参与

学校发展规划的核心在于自下而上、广泛参与、采用一定的技术手段，转变原有的管理思路、树立自主管理意识，提升规划的执行力、实施效果。同时，建立与学校发展规划实施相适应、开放、和谐的制度文化，为教师、学生、家长和其他社区成员的有效参与营造良好的氛围。

(二)协调多方力量、保障规划实施

学校发展规划的实施需要人力资源、物质资源等多方面的保障，在规划实施的过程中，学校应根据先前所做的 SWOT 分析和 PEST 分析结果，对学校已有资源进行合理计划，达到充分而有效的利用，建立最佳资源结构。通过建立相关规章制度，提高学校资源的管理水平，提升学校资源开发利用的效率。此外，还要积极拓展和开发新的资源，利用周边社区的物质文化条件，为学校发展服务。

(三)监测调整、确保结合实际

对学校发展规划中的每项措施进行监控，实时掌握实施进展，能够及时发现规划设计的问题，并采取相应的措施予以应对，为之后更好地制订和实施学校发展规划积累经验。同时，根据实施过程的反馈

及时补充和调整学校发展规划，实施动态管理，以保证发展规划能够切合实际、有实效、起到引领学校发展的作用。当然，对学校发展规划做出调整不是校长一个人或学校发展规划委员会几个人的事情，而应由各方代表共同决定，保证各个群体的参与权。

第三节　经验总结

一、关键步骤

（一）阶段总结

学校发展规划实施一段时间之后需要进行总结，对于一个学校来说，学期末和学年末是两个常用的时间节点。在学期末或学年末时，对前一段时间内学校发展规划的实施状况进行总结、评估，对实施过程中好的做法加以肯定，对出现的问题进行反思，这样才能更好地根据实际情况补充、调整学校发展规划，对下一学期或下一学年的实施工作奠定良好的基础。

阶段总结可以学期总结、年度报告的形式呈现，实事求是，对活动完成情况、目标实现情况、取得的成效、出现的问题、改进的措施等加以综合呈现。

案例分享

上海市闸北八中 2013 学年第一学期工作总结（节选）[①]

本学期在校长室的领导下，贯彻成功教育思想，以学期初制订的

---

① 上海市闸北第八中学 2013 学年第一学期学校工作总结［EB/OL］．http：//www.zhb8zh.edu.sh.cn/articleContent.aspx? id＝102，2014-02-12.

工作计划为目标，进一步深化教育研究与改革，圆满完成了各项工作。

一、教学工作

(一)践行成功教育思想，实行教学质量目标管理制度

教师是提高任教班级教学质量的第一责任人，为增强教师的责任意识、质量意识，从去年9月起我们逐步实行了教师教学质量年级目标管理制度，并制订了各方面的管理制度，取得了一定成效。

1. 年级组目标管理制度

学校提出年级组长是本年级的负责人，各年级以目标管理为基础，科学教学，严格管理，力争2014届高考保9争8，2015届保8争7，2016届保8争6；在高一高二区统考中保8争7。

2. 在成功教育教学模式指导下不断进行教学改革

在课堂教学中依据刘校长的成功教育思想，积极探索新型的教学模式，培养学生学习兴趣，不断提高学生的综合素质和能力；教学中提倡学、讲、想、练的教学方法，突出讲练结合的教学模式；在高一实行拓展训练，高二实行分层教学，高三采用分化辅导的教学手段。

(二)倡导积极向上的文化氛围，提升正能量

1. 响应国家和谐社会的倡议，我们在校长室的精神指导下团结一切可以团结的力量，凝聚人心，发挥集体智慧，倡导正能量。

2. 完善制度建设，以制度管人。为此，我们针对备、教、改、辅、考、评等方面制订了详尽的管理条例，使管理有法可依，有章可循，减少了在管理中的随意性。同时，我们还正在修正以往的学业考、区统考、高考奖励措施，突出了能者多劳，多劳多得的分配原则。

3. 践行"三公"，实行透明管理。教导处每周将工作要点挂在校

园网上，让大家明确一周的工作方向，同时接受大家的监督、检查。我们每月将津贴发放以 Excel 形式存档，项目经费公开透明，便于以后审查。

4. 积极引导创建优秀年级组、教研组文化：温馨的高二年级组，团结能战斗的高三语文备课组，具有拼命精神的高一外语组。

5. 开展谈心活动，加强干群联系、沟通，为老师们排忧解难，提升教师们的归属感。

（三）教导处两个功能的发挥

1. 服务功能：在日常管理中，教导处倡导微笑服务，将一线教师比作"最可爱的人"，加强服务意识，尽力让老师们满意；在青年教师培养方面下大气力，真诚为他们的成长做好人梯；在考务、质量分析、资料回收、调课、招生、编写学案、资料印刷、学案编写等方面认真仔细做好每项服务工作。

2. 督导功能：围绕教学制订好每周工作要点，并加以监督实施，每月一份调查表，每学期四次质量分析，各类问卷，招生工作，指导艺术生报名、考试以及学案规范等工作，每项工作都有预案，有布置，有检查。严格执行教学常规管理制度，从管理中要效益。

（四）加强教学流程的常规管理，确保质量

要求教师严格遵守《闸北八中教学常规》，保证正常的教学秩序，杜绝教学事故的发生。为进一步提高教学质量，现对教学流程中的备课、上课、作业布置及批改、课后辅导四个环节逐一制度化。

1. 各组备课采用主讲人制度，有记录，有检查，有反馈，使集体备课成为常态。

2. 建立高中教师人人开设公开课制度，每节课后由教研组长负责组织讲评，大大提高了教师授课水平，融洽了同事关系，同时我们还坚持推门听课制度，主管教学工作的领导每学期听课30节以上。

3. 各年级组建立了365管理流程，明确操作点及监控点，使每个阶段该做些什么，会出现什么问题，该如何加以解决成竹于胸。

4. 在命题、审题过程中，我们建立了双向细目表、考试范围、试卷、答题纸、答案命题五件套，运行下来效果良好。

5. 加强对阅卷、评卷工作的管理使之更加科学有据。本学期伊始，我们将各类考试的网上阅卷形成制度，评卷工作分备课组评议、班级评议、年级评议等形式，要求评议人用PPT的形式展示每次考试情况，注重对小分得失的分析，明确下一阶段的教学重点。

点评：该工作总结以学期初制订的工作计划为依据，事实资料翔实，能够充分体现学校发展规划的实施成果。但其中也存在一些问题，如语言表达过于口语化；实施过程"报喜不报忧"，成果介绍非常丰富，缺少实施过程中出现的问题和障碍，这样就难以对下一步学校发展规划的实施提出建设性的调整意见。

(二)三(五)年回顾

一般的学校发展规划都是以三到五年为一个周期，在整个实施周期中，要一直以学校发展总目标为导向。三(五)年期满之后，计算学校发展规划目标的实现率，就可以衡量这三(五)年终学校发展规划实施的成效。目标实现率是衡量学校发展计划成功与否的一个重要指标。①

此外，三(五)年回顾需要撰写回顾报告，基本要求与阶段总结类

---

① 张兆勤，白天佑，胡文斌. 学校发展计划指南[M]. 北京：教育科学出版社，2008：68.

似，只是在时间跨度上略长，可以在阶段总结的基础上进行梳理、归纳，形成完整的总结报告。

(三)结果反馈及新一轮学校发展规划启动

在实施学校发展规划一个阶段结束之后，需要将实施规划取得的结果向学校师生和社区成员进行反馈，这是一轮学校发展规划(SDP)实施的最后一个环节，也是一个必不可少的环节。首先，学校应根据已经完成的学期总结、学年总结、三(五)年回顾报告等文本，对学校发展规划实施中的发展成果、经验教训、问题和不足、困难障碍、改进计划等进行深刻分析，向学校内部成员以及社区成员群体进行反馈，让所有参与学校发展规划制订与实施的群体了解、知晓。然后，要将重要的总结报告整理成为书面材料，提交学校档案室、学区和教育局存档。与此同时，开启新一轮 SDP。

二、注意事项

要做好经验总结，首先，需要在日常工作中注意搜集、积累一手资料，这样在撰写报告时才能有翔实的事实依据，做到有据可查，根据事实情况才能对规划实施做出公正、客观的评价。其次，在报告撰写时内容表达应尽量保持语言的简练，清楚、准确地传达信息，使读者便于理解。最后，对发展规划提出的调整意见、改进措施等要切实可行、具有可操作性，同时，为接下来的学校发展设定的目标、发展内容应更加科学合理、重点突出。

第六章　学校发展规划的监测与评估

　　承接上文，在学校发展规划付诸实施后要进行经验总结，既需要阶段性的总结，对实施过程中的问题进行及时反馈、处理、调整，也需要三或五年的总体回顾，对实施的结果有一个明确的认识，为新一轮学校发展规划的制订提供实践基础、经验指导。而这些实践基础、经验指导均来自于对学校发展规划的内部监测与外部评估，只有不时地对规划执行过程进行内部监测、外部评估，才能及时发现问题、诊断问题进而解决问题，使规划的各个环节经过实践的检验调整得更为合理、有效，也才能使规划参与者、教职员工对于该阶段规划实施的效果有一个清晰、深刻的认识。因此，对学校发展规划的监测与评估的重要性是毋庸置疑的。

　　当前正处于学校发展规划实践中的学校不在少数，在对相关问题的研究中，我们发现，不少学校普遍反映的一个问题就是在具体的规划实施过程中，那些精心讨论并审核通过的学校发展规划文本往往被束之高阁，规划执行过程的监测和评估也基本上没有落实。但我们知道：学校发展规划是针对学校存在的问题和未来的发展目标而制订的，它不仅追求逻辑严密、体系完整，而且更注重规范的操作、合理的程序以及日后的真正落实、评估和督促。[①]而现实中的很多学校显然没有做到这一点。

为了让学校发展规划的监测与评估过程更好地为大家所了解，并应用于规划文本的修改与完善，本章将把学校发展规划的监测与评估作为整个学校发展规划实施的重要一环予以完整呈现。对学校发展规划实施结果的监测评估，从评价的主体上可以划分为内部监测和外部督导评估两大类。下面对两类评估分别进行详细介绍。

第一节　内部监测

伴随我国教育管理体制改革，学校管理的自主权也在逐渐加大。在学校发展规划引入我国，并付诸实施之后，要求学校要有对自己的发展负责任的能力，也要求相应的学校成立由各个群体代表组成的学校发展委员会来参与监测、监督学校发展规划工作的开展，这样才能避免规划的实施流于形式化、表面化。

一般来说，学校发展规划的内部监测评估工作可分为以下四个步骤：

第一，学校内部成立一个自我监测评估小组。小组成员一般由学校发展规划管理委员会成员、校委会成员和学校各部门的负责人，以及师生代表组成，学校要给每位成员分配任务、明确各自的职责。

第二，让小组成员熟悉学校发展规划监测评估的基本内容，主要包含对《学校发展规划文本》的制订、实施和回顾总结三个方面的监

---

① 楚江亭. 学校发展规划：内涵、特征及模式转变[J]. 教育研究，2008(2)：85.

测、评估。

第三，在监测评估的过程中不断组织研讨、深入分析，并对各项工作进行反思、调整和改进。

第四，总结反馈、上报自评结果，以对下一轮规划的制订提供经验借鉴。

一、监测参与者

学校发展规划的内部监测，首先应该确定的是监测工作由谁来进行。因为监测是一个持续性地收集数据、资料的过程，所以监测工作通常不是由督导部门来做，而是由那些非常接近此项活动的人来进行，比如学校内的教学人员、非教学人员，甚至学生、家长等来执行。[①] 为了体现学校发展规划所秉持的"自下而上"的民主参与理念，并切实调动学校内部相关人群的积极性，学校发展规划的内部监测与评估工作的参与人员应该具有广泛的参与性和代表性，主要包括：规划管理委员会成员、校长、副校长、教导主任、教研组长、政教主任、班主任、教师、学生等。

学校内的领导、师生既是被监测评估的对象，也是监测评估学校发展规划的参与者。要确保每一位小组成员对学校发展规划实施的各个过程，都有一个明晰的认识，清楚各自的任务与职责是什么。只有这样，才可以从多方面随时监测规划制订及实施过程中存在的问题、出现的特殊情况，并予以及时调整、修改与完善，也才能及时协调多方面的利益关系，保证学校发展规划起到应有的作用。

---

① ［英］布伦特·戴维斯，琳达·埃里森. 学校发展规划［M］. 陈建华，李丹，潘学亮，译. 北京：北京大学出版社，2013：52.

二、各过程监测

(一)对文本制订过程的监测

前面我们介绍了学校发展规划的制订流程、相关技术方法，也了解了学校发展规划制订的主要步骤。上述制订学校发展规划的价值指向，是将学校建成社区的学校，密切社区与学校的关系，通过上下结合，不同群体平等参与学校管理，运用发挥学校发展委员会作用的管理思想和管理模式。[①]因此，在撰写学校发展规划文本之前，我们特别强调要对学校的内外部环境进行分析，要广泛征询校内及社区不同群体的意见。

因此，规划文本制订过程的监测，首先，考查问题的收集是否能够反映学校及社区不同群体平等参与了学校管理，校情分析是否倾听了弱势群体的声音来监测。规划文本的形成，不能仅听取有影响力的人群，如上级主管领导、社区的成功人士、学校管理人员等的意见，也应倾听处境不利人群，如教学效果差的教师、家庭经济困难的学生家长、成绩不好的学生以及学校的教辅人员等弱势群体的想法与意见。因为无论学校的具体发展目标是什么，都应该包括促进每一个学生在原有素质基础上的发展，每一位老师在原有教学水平上的发展，而不仅仅关注学习成绩好的学生和教学成绩优秀的教师。[②]从收集到的问题分类和排序中分别找出来自学校中各阶层的工作人员、学生以及社区不同人群的意见占所有问题的比例，来监测该学校发展规划文本

---

① 朱志勇，董轩，向思.学校发展规划实施与评估：西部五省的经验[J].清华大学教育研究.2012(2)：40.

② 楚江亭.学校发展规划：内涵、特征及模式转变[J].教育研究，2008(2)：84.

的制订是否真正做到了不同群体的广泛参与，是否做到了群策群力，尤其应注意来自处境不利人群的意见要占有一定的比例。

其次，考查学校发展规划具体目标的制订是否达到了 SMRAT 原则的要求。学校发展规划的制订是从学校想要达到的基本目标，以及价值取向亦即学校总体的愿景出发，通过广泛听取他人意见确立使命，然后用总目标详述学校未来发展的广阔前景，从而制订出操作性强的具体目标。具体目标的制订应符合 SMART 原则，亦即 Specific（具体的），Measurable（可测量的），Achievable（可实现的），Relevant（相关的）和 Timed（有时限的）。当然，相对于总目标来说，具体目标可以调整，如在实施过程中在对现有活动进行监测评价之后，如果发现问题就可以随之调整具体目标。[①]因此在规划制订之初，可以依据 SMART 原则的五个指标对具体目标进行监测以使其达到要求，便于操作。

最后，在文本撰写完成后，可以根据好文本的基本标准对其进行监测评估。根据英国学者戴维斯等人的观点，学校规划者应确保规划达到以下标准。

• 搜集必要的信息（包括外部信息和内部信息）。

• 所有各方面的沟通渠道清晰明确、畅通无阻。

• 所有教职员工都能认同该项目及其目标。

• 规划会议的组织人员对规划所属层次应当非常了解。

• 学校各个职能部门都应该成为高效团队，在明确的目标指导下协同作战，以便清楚了解自己应当做什么。

---

① ［英］布伦特·戴维斯，琳达·埃里森. 学校发展规划［M］. 陈建华，李丹，潘学亮，译. 北京：北京大学出版社，2013：5.

• 在规划各个阶段，评估活动应该同步跟进，不能等事后再强加进去。[①]

由此，整个文本的实施才会井井有条、重点突出、有序推进，各项任务也不会显得庞杂、繁重。

(二)对规划实施过程的监测

实施过程中监测评估的主要任务是要对学校发展规划文本中的内容完成情况一一进行核对。即：要对文本中设计的"学校周历表""各部分行动计划表"等各种表格里包含的"目标""活动/措施"和"完成情况"等内容进行客观、全面的评价，并要在每一个"目标""活动/措施"的监测评估栏目中如实填写"完成或未完成""实现或未实现"等。不仅如此，还要对各个目标的完成质量以及活动和措施的有效性进行监测评估。只有落实了学校发展规划文本中的绝大部分活动和措施，才能完成学校所属各部门的行动计划，进而保质保量地完成学校的年度目标。

下面是甘肃省白银市一位中学语文教师在百度文库里提供的对学校发展计划实施情况的监测评估表的样板。

表 6-1　学校发展计划(SDP)实施情况监测评估表

学校发展计划目标

问题分类	目标序号	目标内容描述	执行时间	实现情况		实施情况及效果评估	监测者		
				实现	未实现		姓名	职务	监测日期
类别一	1								
	2								

① ［英］布伦特·戴维斯，琳达·埃里森.学校发展规划［M］.陈建华，李丹，潘学亮，译.北京：北京大学出版社，2013：5.

续表

问题分类	目标序号	目标内容描述	执行时间	实现情况		实施情况及效果评估	监测者		
				实现	未实现		姓名	职务	监测日期
类别一	3								
	…								
类别二	1								
	2								
	3								
	…								
类别三	1								
	2								
	3								
	…								
类别四	1								
	2								
	3								
	…								
类别五	1								
	2								
	3								
	…								

学校周历表执行计划

周次	时段	工作内容	负责人	实现情况		实施情况及效果评估	监测者		
				实现	未实现		姓名	职务	监测时间
一									
二									
三									
四									

续表

周次	时段	工作内容	负责人	实现情况		实施情况及效果评估	监测者		
				实现	未实现		姓名	职务	监测时间
五									
六									
七									
八									
九									
十									

工作行动计划

目标	活动/措施	执行时间	实现情况		实施情况及效果评估	监测者		
			实现	未实现		姓名	职务	监测时间

监测评估注意事项：

1. 监测参与者：计划管委会成员、校长、副校长、教导主任、教研组长、政教主任、班主任、教师、学生，村民等，侧重制订与实施的过程。

2. 实施情况及效果评估应为文字叙述，由监测者根据执行情况亲自填写，主要填写执行计划产生效果方面。

3. 对未实现的目标，应在实施情况及效果评估栏中填写未实现的成因分析，要点得明确、清晰。

上述表格有助于我们对如何记录学校发展规划制订与实施的监测评估情况有一个较为直观的认识。因为它们分别从学校发展计划目标、学校周历表执行计划、工作行动计划这三个不同的方面，记录了对学校发展规划制订实施过程的监测评估，而且表格的每一行都要求记录具体监测人和监测时间，方便人们较为清晰地感受到监测的频度。当然它并不是最全面的，具体学校监测参与者可以在此基础上根据自己学校发展规划的目标与实施计划，添加或创造属于自己的内部监测表格。

(三)对规划回顾总结的监测

在学校发展规划的整个计划完成后，要对规划的实行状况及效果有一个回顾总结。而对此部分的监测就要看它是否真实、全面地反映了学校启动规划实施至今整个过程中所出现的问题、呈现的情况，以及如何解决、完善规划等。

三、监测反馈及规划调整

对每一过程的监测评估最重要的在于形成阶段监测、反馈，对该阶段出现的具体问题进行诊断分析，以提出合理建议与思考，之后再根据这些建议与反思及时修改与调整规划。而当学校发展规划的年度自评结果出来以后，必须在制订下年度规划之前，将其通过各种方式，告知师生员工、相关群体，以引起相关人群的反思和讨论，达成共识，为开发和制订新学年度的规划做好准备。

下面我们呈献上海外国语大学附属外国语小学 2011 年至 2014 年三年发展规划文本中的相关部分，感受一下内部监测是如何体现在整个规划文本中的。

案例分享

上海外国语大学附属外国语小学 2011—2014 年三年发展规划①

一、主题：实施绿色评价，成就优秀教育品质

重点：建立学校绿色指标评价体系	主要负责人：王石兰、朱萍、杨蕴敏

主要目标：

建立学校绿色指标评价体系的目的，首先是促进全校教师教育质量观与教育评价观的转变。以上海试行开展的学生学业质量绿色指标测试为契机，改变目前单纯地把学业成绩和升学率作为评价教育质量、评价教师工作业绩、评价学生好坏的唯一标准，以关注学生健康成长和全面发展为核心。

学校建立学校绿色指标评价体系的内容主要关注两个方面，一是针对学生的学业水平年度进步、学习兴趣、学习习惯、学习方法、品德行为、身心健康等指标；二是针对教师的教育观、教育方式、师生关系等。

学校绿色指标评价体系的实施是一种校本评价，强调评价方式的多样性，学校将开发学生问卷和学生表现性评价方案等能体现教育过程、诊断教育问题的评价方式，作为学业成就评价的有效补充。

学校将建立上述内容的数据库，跟踪学校教育服务的品质、学生在校五年的综合素质发展，及时向教师提出相关的教育、教学建议，促进教师诊断、改进优化教育、教学过程，从而实现学校的办学理念。

绿色指标评价体系的制订与实施将形成我校教育质量的及时反馈、管理与服务机制，促进学校专业管理团队的管理与服务水平，提升学校专业管理能力。

主要任务：	实施时间		
	2011.9—2012.8	2012.9—2013.8	2013.9—2014.8
1. 成立学校绿色指标评价工作领导小组，并向全校师生和家长进行绿色指标评价的有关理念宣传。	√		
2. 分学科和条块制订体现学校特色的绿色指标评价标准与方法。	√		
3. 建立学生绿色评价数据库，编制问卷，开展绿色指标评价。		√	√
4. 运用数据库提供的信息有效改善教育教学过程。		√	√
5. 进行阶段小结，积累经验，反思不足，对指标进行相应的调整，初步建立评价体系。		√	√

① 上海外国语大学附属外国语小学 2011—2014 年三年发展规划[EB/OL]. http://m5.baidu.com/from=563d/bd_page_type=1/ssid=0.

主要途径：

1. 成立由校长主要负责，教导部主任、教研组长、年级组长参与的学校绿色指标评价领导小组，着手进行学校绿色指标评价体系的制订、执行和小结工作。并通过政治学习、校会课、家长会等途径向全校师生和家长宣传有关绿色指标评价的相关理念。

2. 以上海试行开展的学生学业质量绿色指标为蓝本，结合学校的实际，体现学校的特色，分学科、分条块制订学校的绿色指标评价内容与具体指标。学校的绿色指标评价内容主要关注两个方面，一是针对学生的学业水平年度进步、学习兴趣、学习习惯、学习方法、品德行为、身心健康等指标；二是针对教师的教育观、教育方式、师生关系等。

3. 为在校的每一位学生建立学校绿色指标评价档案，按学年度对学生进行绿色指标评价，并建立相应的数据库。建立学生评价数据分析模型，对学生每年度的绿色指标评价结果进行分析、小结，并将分析、小结的结果提供给相关教师，以期对教师下一阶段的教育教学提供有意义的建议和帮助。同时恰当提供给家长，以利形成教育合力。

4. 利用绿色指标评价体系对教师每学期的教育教学工作进行科学、合理的评价，建立可分析的量表，为不断推动教师专业化发展提供帮助。

5. 通过三年的研究、实践，对学校绿色指标评价内容以及学生绿色指标评价操作过程的合理性、有效性、科学性进行阶段性小结，积累经验、反思不足，进行数据库的相关调整，初步建立学校绿色指标评价体系，以期能对学生的全面、均衡发展做出科学、客观的评价，促进他们更快发展；并对教师的教育教学工作提供有借鉴价值的提示和帮助，不断推进教师的观念更新与专业发展。

达成要求： 　　1. 学校绿色指标评价体系初步建立，并形成相应的书面材料。 　　2. 学生绿色指标评价数据库建立并有效运用。 　　3. 形成一系列有效的评价工具与方法。 　　4. 学校绿色指标评价体系得到 80% 的教师学生和家长的认可。 　　5. 实行学校绿色指标评价机制后，对学生的健康成长和全面发展确有促进。 　　6. 实行学校绿色指标评价机制后，对教师的专业发展确有促进。	阶段自评记录： 　　1. 对学生的学业水平年度进步、学习兴趣、学习习惯、学习方法、品德行为、身心健康指数评价的相关测试或问卷。 　　2. 利用学生座谈会和家长问卷对教师的教学方式指数及其师生关系指数评价的书面资料。
结果评定与进一步调整建议：	

第五章　年度自评机制

重点：	主要负责人：
学校年度自评机制。	王石兰、朱萍

主要目标：

通过正常有序的学校自评机制，及时调整完善学校发展规划，找出工作中的成功处和不足点进行相应的调整和改善，努力为实现办学目标，完成三年规划提供保障。

主要任务：	实施时间		
	2011.9—2012.8	2012.9—2013.8	2013.9—2014.8
1. 根据学校发展规划，每年进行学校自评。	√	√	√
2. 各项目责任人作阶段汇报，全体教职工参与学校自评。	√	√	√
3. 利用评价的信息，及时调整学校发展规划并改进相关工作。	√	√	√

主要途径：

1. 制订上外附小三年规划自评制度，明确评议内容，督促各项目责任人、自评小组成员关心学校各方面工作，积累相关资料和数据，提供即时信息。

2. 每学年末向全校教职工汇报学校发展情况，向董事会进行述职，并利用教代会听取教职工的建议，完成每年的自评工作。

3. 认真倾听教职工与学生家长对学校发展的意见与建议，紧密团结全体教职工，开展反思改进工作，确保学校发展计划顺利完成。

达成要求：	阶段自评记录：
1. 每年进行学校发展自评小结，各项目责任人做阶段汇报。 2. 利用教代会的形式，全校教职工根据三年规划和每学年的学校发展自评小结提出相应的意见和建议。 3. 根据发展现状，对规划做出适当调整。	1. 将各项目责任人自评报告汇总成每学年学校发展自评小结。 2. 学校教代会记录。

结果评定与进一步调整建议：

以上是该校三年发展规划中第三章的部分内容、第五章整章内容。该规划在分析了学校发展情况、存在的优势和困难，以及学校的指导思想和具体目标后，清楚地列出了该校发展的重点项目、确定了六个主题，并列出了主要任务实施计划及达成要求，然后在每个主题任务的后面附上了该阶段自评记录，最后是结果评定以及进一步的调整建议。正是这一环节的工作体现了内部监测、调整规划的作用。最后该校还重点建立、发展年度自评机制，根据学校发展计划，每年进行学校自评，根据发展现状，对规划做出适当完善和调整，以确保下一年度的工作进展得更加顺利和有序、高效。该规划文本的不足，在于未能反映学校内部人员对任务实施的随时监测，只是在最后给出一个阶段自评记录。如此，容易流于形式，需要引起大家的注意。

第二节　外部督导评估

除内部监测之外，对学校发展规划的外部督导评估工作也是规划执行过程和执行结束后必不可少的环节。如果没有外部的督导，学校发展规划的实施工作就没有来自外界的压力、影响与支持，也难以获得教育行政管理部门、教育督导部门以及有关专家的指导，也难以获得有用信息和各种资源。因此，外部督导评估是加强学校发展规划宏观管理、实现教育监督、促进学校规范办学、依据学校发展情况做出综合判断的重要手段。

传统的学校督导评估在特定的时期有其特定的意义，但随着时代的进步、教育的发展，这种评价的局限性显得越来越明显，尤其在评价功能、评价内容、评价主体、评价方式等方面，已经不能完全适应现代学校发展的需要。①随着教育改革的深入和学校办学自主权的扩大，发展性督导评估越来越受到学校、政府乃至大众的重视与采用。上海市人民政府督导室在《发展性督导评估实现了学校自主发展》中较早地给出了发展性督导评估的定义："发展性督导评估是以现代教育发展观为指导，以促进学校发展为目的，以学校发展过程为对象的评估，它关注学校的发展目标和潜力，注重诊断发展中的问题，寻求学校发展的关键因素，从而发现和判断教育价值、得到教育增值的过程。自我约束、自我监控、自我调整能力的大小是评估学校自主办学能力的重要指标。"②

由上述定义可以看出，它是一种非常契合学校发展规划目标的督导评估方式。采用发展性督导评估学校发展规划的制订与实施，需要构建以下运行机制。

• 对学校发展规划进行评审的运行机制（规划预审）

由教育行政部门组织，教育督导部门参与实施。对学校发展规划文本的发展性、科学性、适切性、可行性进行审核认定，旨在使规划能更有效地实施。建立督学责任区，明确督学的工作任务与职责，进行合理分工，由责任督学指导学校发展规划的制订。建立学校发展规划评审标准研究组，协同教育行政部门制订审核认定的具体标准。建立随访制度，熟悉学校发展现状，做好学校发展规划制订的指导服务工作，深入学校了解规划制订的民主性，教职工对规划的知晓率和认

---

① 杜学庆，周作琳．学校发展性督导评估的研究与实践[J]．山东省教育督导论坛，2012(7)．

② 丁莉．论发展性督导评估对学校自主发展的促进作用[J]．现代中小学教育，2011(2)：72．

同度。

　　•对学校发展规划实施阶段成效进行评估的机制（中期评审）

　　即对学校发展规划实施过程的效果进行价值判断，旨在通过实施过程的研究，提炼经验、寻求问题，使学校及时改进工作，保证发展目标实现。督导部门要与学校建立合作研究制度，加强与学校的沟通联系，增强服务指导意识，采用学校自评与督评相结合方式，按基础性指标、学校发展性指标对学校发展初步成效和发展态势进行价值判断，通过与学校的合作研究，及时反馈、及时调整，促进学校依据规划规范办学、自主发展。

　　•学校发展规划实施最终成效的督导评估运行机制（终结性评审）

　　即对学校发展规划实施最终成效进行价值判断，旨在总结成功经验，明确努力方向，为学校新一轮发展寻求生长点的运行机制。建立对学校发展规划实施整体绩效的督导评估制度。采用学校自评与督评相结合，由督导部门组织、培训督导队伍，按基础性指标、学校发展性指标对学校发展三年来的成效和发展态势进行价值判断，总结成功经验，寻求学校未来发展方向和改革切入口，为制订新一轮发展规划奠定基础。[①]

一、督导的指标

　　根据发展性教育督导评估的理念，教育督导部门需主要进行以下三方面的督导评估。

----

　　① 上海市教育督导评估委员会，上海市人民政府教育督导室. 学校督导性发展评估 80 问[Z]. 2010.

(一)诊断性督导评估

审核、认定、应答学校三年发展规划是教育管理的一项重要工作，审核、认定过程也是学校与教育行政管理部门双方承诺的过程。教育行政部门负责组织，教育督导部门参与，对学校的发展现状和学校制订的三(五)年发展规划进行审核认定。

(二)形成性督导评估

在学校三(五)年发展规划实施过程中，教育行政部门要加强与学校的沟通联系，教育督导部门和教育行政主管部门对学校年度发展目标完成情况进行评估，教育督导部门还要根据工作需要组织随访督导，每年年末向学校下发《督导评估反馈意见》。

(三)终结性督导评估

三(五)年发展规划期满时，教育督导部门和教育行政主管部门组成督评队伍，按基础性指标、发展性指标对学校整体发展目标达成度进行全面的价值判断，对学校的发展态势及绩效做出客观的终结性评估。①

一般而言，督导评估指标主要包括：基础性指标和发展性指标两大类：

(一)基础性指标

从指标的大类(即"一级指标")上分，大致可涵盖："办学方向""学校管理""队伍建设""德育工作""教学工作""体(育)卫(生)艺(术)科(学)工作""教育科研工作""语言文字和档案工作""后勤保障"等。每个大类下还可以分解成若干个"二级指标"。由于各地区的学校发展

---

① 杜学庆，周作琳.学校发展性督导评估的研究与实践[J].山东省教育督导论坛，2012(7).

存在差异、不平衡，所以，督导部门应从学校发展的现状出发，有针对性地选择评估的基本观察点（或称"三级指标"）。

由于国家的法律法规具有相对稳定的特点，因此，"督导评估基础性指标"也是相对稳定的。但需强调的是，"督导评估基础性指标"应保持与时俱进、开放性等特性。当教育法律法规被修订或有新的教育法律法规出台时，"督导评估基础性指标"必须及时地遵照新法律法规进行补充或修订。如应根据修订后新颁布的《中华人民共和国义务教育法》《中华人民共和国未成年人保护法》，教育部、国家体育总局下发的《关于进一步加强学校体育工作，切实提高学生健康素质的意见》以及中共中央、国务院印发的《国家中长期教育改革和发展规划纲要（2010—2020年）》等，及时对督导评估指标做相应的修订，以体现新的法规要求和政策的规定。

（二）发展性指标

发展性指标是依据学校发展规划的目标、措施和特色内容等，由督导部门在与学校商讨基础上制订的。它反映着时代和社会发展对学校教育的要求，以及鉴于学校自身发展的现状，为进一步提高办学水平、质量和效益，形成学校个性发展的改革目标。体现校际的差异性和学校的自主选择性。[①]

首先，要评估学校发展规划各个目标的达成度。学校发展规划的目标能否实现，不仅取决于能否民主、科学地制订规划，还取决于能否脚踏实地地实施规划。学校发展规划的目标与要求最终要落实到学校的行动方案，行动方案是实现学校发展的具体行动计划，也是学校

---

①　上海市教育督导评估委员会，上海市人民政府教育督导室．学校督导性发展评估80问[Z]．2010．

日常运行的主要依据，它规定了什么时候做什么、如何做、达到什么效果，特别是这些规划目标是否真正有效地落实和体现在学校各项工作的实际效果上，也就是在实施过程中的达成度如何。

其次，我们要对学校在实施规划过程中的创新与发展程度进行督导评估。一个好的学校发展规划在实施过程中因为要不断地征求多个群体的意见，会不断激发群体的积极性和创造性，因此，学校发展规划不能总是借鉴其他学校的做法或一成不变，而应该在实施过程中不断发展创新出属于自己的特色、亮点。对学校发展规划的督导评估一个很重要的方面是要看它的突破点与创新点如何。

再次，要对学校在发展过程中对社会的影响和经验辐射情况进行督导评估。学校发展规划的目的是促进学校发展、密切社区和学校的联系、办人民满意的教育，因此，在对学校发展规划进行督导评估时还应注意评价学校在规划制订及实施过程中的有益经验，并向其他学校、家庭、社会等进行传播，发挥积极的效应。

最后，还要对学校可持续发展的新规划的制订进行评估。学校发展规划不是一次性和终结性的，有效地促进学校可持续性发展是学校发展规划的制订、实施与评价的一个重要特点，因此，还应评价学校新一轮的发展规划应该体现出来的持续性、发展性等方面的特征。①

学校发展规划编制的"督导评估发展性指标"的最大特点就是"一校一指标"。有的地区督导部门在指导学校制订发展规划时，事先就提供了相关的"指导纲要"供学校选择。显然，立足"指导纲要"，并结合学校发展规划的个性化内容，应该成为编制"督导评估发展性指标"的基本要求。

---

① 谢利民.学校发展规划的制定、实施与评价[J].教育研究，2008(2)：29.

　　在实际工作中，为了更好地推进学校的发展，实施过程性评估，常常把督导评估安排为"中期评估"或"终结性评估"。由此，"督导评估发展性指标"的编制，必须体现发展规划中不同执行阶段的要求，不能用同一套指标及标准做整齐划一的督导评估标尺。否则，就失却了"发展性"的特性。不管是中期评估还是终结性评估，都要依据学校规划设定的"特色内容"科学编制评估指标，以便检视、评估规划目标的落实程度。

　　"督导评估发展性指标"在编制过程中，应充分听取学校的意见。学校在编制了发展规划后，为了推进规划的有效实施，应当依据规划拟订阶段性的"自评指标"，学校的"自评指标"对于编制"督导评估发展性指标"具有重要的参考价值。如同学校发展规划都要有明确的发展重点一样，"督导评估发展性指标"也要把握重点，不宜面面俱到。

　　需要指出的是，学校在规划的实施过程中，有权依据工作实际对规划目标进行必要的修订。但这样的修订不宜过多和频繁，且必须改而有据，还要按一定程序进行操作，不能由校长个人或少数人说了算。修改后的规划指标，要及时报教育行政主管部门和教育督导部门备案。①

　　目前来看，对发展性督导评估结合本地教育改革和发展实际，做出有益探索的主要有北京、上海等地。下面以北京市西城区为例，对发展性教育评价的实践做一个简要介绍。

　　2002 年，北京市教委、北京市人民政府教育督导室颁布了《北京市区县政府、教委、普通中小学全面实施素质教育评价方案（试行）》。参

---

　　① 上海市教育督导评估委员会，上海市人民政府教育督导室. 学校督导性发展评估 80 问［Z］. 2010.

考市评估方案，西城区制订了《区普通中小学全面实施素质教育评价方案(试行)》(详见下表)和《区幼儿园全面实施素质教育评价方案(试行)》等，探索运用发展性教育评价模式，推动素质教育评价方式的改革。

表 6-2 《北京市西城区普通小学全面实施素质教育评价指标体系(试行)》(框架)
规范性评价指标体系

一级指标	二级指标	评价要素	评价要点	信息采集方法
一、工作计划	(一)计划			
二、队伍建设	(二)领导班子建设			
	(三)教师队伍建设			
三、各项工作管理	(四)德育工作			
	(五)教学工作			
	(六)体育卫生、美育和劳动(劳技)教育工作			
	(七)课外活动			
	(八)教育科研工作			
	(九)教育信息化			
	(十)教育评价			
	(十一)后勤保障			
四、学生质量	(十二)思想道德建设			
	(十三)文化科技素养			
	(十四)劳动技能素质			
	(十五)身体心理素质			
五、自主发展	(十六)办学基础分析			
	(十七)教育理念			
	(十八)发展目标与思路			
	(十九)发展项目与措施			
	(二十)阶段性发展绩效			
	(二十一)办学特色			

可以看出，北京市西城区的素质教育评价方案在规范性评价指标的基础上增设了发展性评价指标，探索了评价标准的发展性。其中，规范性指标部分基本涵盖了国家有关教育法律法规、方针政策及全面实施素质教育的基本要求，包括了学校工作计划、队伍建设、日常管理、学生质量等内容，这是各个学校都必须做到的，是统一的"一把尺子"。而学校"自主发展"评价指标体系，则是在学校开展自我评价之前，选择一批经验丰富的教育督导专家深入到被评价学校，与学校平等合作，共同研究制订的。主要包括：学校办学基础分析、教育理念、发展目标与思路、发展项目与措施、阶段性发展绩效、办学特色六项指标。由学校自行填写评价要素和评价要点，形成学校自主发展评价指标的评价标准。

在评价的过程中，北京市西城区坚持不仅用统一的"尺子"（规范性评价指标）进行评价，还用各校制订的"尺子"（自主发展评价指标）进行评价；强调依据学校原有的基础进行纵向比较和定性分析，注重学校进展的幅度和增值大小。除此之外，他们还对评价主体的多元化、教育评价模式的合作性等进行了有益的探索。①

可见，制订明确科学的评价指标体系，才能使督导评估工作进行得更有成效，而发展性督导评估指标的确立无疑使学校发展规划的成效与影响，得到了更好地展现。

二、督导报告的使用原则

对学校发展规划进行各种督导评估之后，最终要对督导评估获取

---

① 刘阳科. 发展性教育评价的理论探究、实践探索及其对教育督导工作的启示[J]. 学校管理与发展，2010(9)：22.

的大量信息进行去粗取精、去伪存真的处理，并经过督导组成员共同研讨，从而形成督导报告。督导评估报告的基本要求是：要有方向性、发展性、真实性、针对性和可读性。

 案例分享

小学发展性教育督导评估报告(节选)

为推进学校依法办学、自主发展，全面实施素质教育，××年×月×日至×月×日，××区人民政府教育督导室依据国家、上海市有关教育法律、法规，按照《××区小学发展性教育督导评估方案》，结合学校三年发展规划，对××小学进行综合督导评估。

一、复评过程

本次督导复评是在学校认真自评基础上进行的。参加督导复评组成员有督导室主任、专职督学、部分小学领导和在培后备干部，共22人。按照《方案》(A级指标)分成教育资源、学校管理、学生发展三个专项小组。

复评人员听取校长自评汇报。问卷调查教师65人，学生50人，家长50人。召开教师、学生、家长、对口中学领导座谈会各1个。访谈干部53人次，教师57人次，学生52人次。听课62节次。对校容校风进行观察，观看了升旗仪式，观察学生自主活动和教师专题学习，察看了校舍、场地、设施设备、办公室等。查阅了学校提供的各类资料。在广泛收集信息的基础上，督导复评组进行了整理、汇总、分析，并及时与学校领导沟通信息、交换意见。

二、督导意见

学校在依法办学、自主发展、全面实施素质教育中成绩斐然，获得全国、市、区级别团体和个人荣誉达 1009 项，创造了不少成功的经验，发挥了示范和辐射作用，成为深受百姓欢迎的优质教育资源，赢得了很高的社会声誉。

（一）以多元智能理论为引领，确立先进的办学理念

学校以加纳德的多元智能理论为引领，形成了"夯实基础，鼓励冒尖"，促进"多元发展"的办学理念。100％的教师认同该办学理念并努力转化为教育行为。

（二）以现代管理思想为指导，探索学校管理新机制

校长锐意进取、开拓创新，坚持"规划——行动——考察——反思"的管理行为。创新管理机制，尝试实施取消教导处、总务处，实行两级管理，由分管校长直接负责的内部管理体制，显示出精干高效的特点。健全监督机制，校务委员会全部由教职员工代表组成，同时，不断完善教代会制度。完善规章制度，以《学校规范管理的探索研究》课题为载体，汇编成《学校规范管理制度建设》一书。建立评估机制，形成了师生、家长、社区共同参与的多元评估体系。

（三）以构建学习共同体为抓手，提升教师专业素养

学校坚持"以师德教育为基础、以学历进修为先导、以业务能力培养为核心、以综合素质提高"为目标，立足校本研训、借助校外智力，着力构建提高教师专业素养的学习共同体，取得显著成效。

专业发展，采取多项举措。一是专家学者指导，二是教研活动反思，三是提供舞台锻炼，四是骨干教师带领，五是教育科研引领。

（四）以课程改革为核心，促进学生全面、主动发展

积极引进、整合多种实验性教材，开发学校教材。自编《水资源》等 10 本学校教材，并形成系列。坚持德育为先，以"五小公民道德建

设"为抓手,积极开展"诚信教育"系列活动,开展丰富多彩的心理健康辅导活动,重视与家庭、社区合作,形成学生自主发展平台。

(五)以行动策略研究为动力,提高课堂教学的有效性

确立"深入研究课堂,追求卓越发展"的目标,不断提高课堂教学的有效性,教学质量在区内始终名列前茅。

探索课堂教学新策略。开展"微格教学研究",实施反思性教学。探索课堂教学新模式,实施小班化教学。全面开设33分钟小课,增加自选课程、微型课程。

试行"弹性课时"。探索学生作业的新形式,试行选择性阶梯作业和合作性主题作业,探索学生学业评估新方式,尝试建立鼓励多元发展的学生评估体系。开展即时性评估、阶段性评估和总结性评估,采用以语言描述为主的等第制评估。全面取消期中考试,尝试用综合练习代替期末考试,试行"免试制"和"多试制",鼓励学生主动发展。

(六)以学校文化为重点,建设和谐的精神家园

学校领导带领师生员工不断增强文化意识和文化使命感,着力将现代社会的文化素养内化。建立了"腾飞"主题雕塑、"群雁展翅"主题中心花园。形成了"独立、乐观、创造"的学生精神和"敬业、合作、创新"的教师精神。学校已连续四届被评为上海市精神文明单位。

三、督导建议

(一)进一步凸显现代教育技术在学校中的地位

学校要进一步关注现代教育技术设备配置的先进性、全面性,提供更为丰富的网络资源,努力实现信息技术与课堂教学、学校管理有机整合,以教育信息化促进学校现代化。

（二）进一步加快学校内涵发展

学校要进一步加大力度，提高教师整体专业水平，形成一批有多种学科、风格各异、特色鲜明、在区级以上有较高知名度和影响力的名牌教师群体；努力在全面实施素质教育、实现基础教育现代化进程中不断创造新经验，做出新贡献。

（三）进一步发挥示范、辐射作用

积极学习国内国外先进办学经验，主动辐射学校改革与发展的宝贵经验。争取成为区基础教育品牌的"形象大使"。

该督导报告结构完整，从办学理念、管理思想、教学创新方面都充分体现了督导评估中的发展性指标的达成程度，并在最后提出了针对性的改进意见，有助于我们清晰直观地了解该学校发展规划的实施成效。略显不足的是对学校存在的问题的剖析还不够透彻。①

那么，形成完整、规范且能反映学校发展真实情况的督导评估报告的文本之后，需要把情况反映给各个相关群体。关于督导评估结果报告的使用，主要应遵循以下原则。

（一）反馈性原则

对督导评估结果进行反馈是督导评估活动的重要组成部分。督导评估结果不只要向接受督导评估的学校进行反馈，它还需要向政府、教育行政部门、社区、家长等进行反馈。所以，督导评估结果应通过向被督导评估学校送达督导评估报告，与学校充分交流；向政府和教育行政部门报告，得到政府和教育行政部门的重视和支持；向督导部

---

① 上海市教育督导评估委员会，上海市人民政府教育督导室. 学校督导性发展评估 80 问[Z]. 2010.

门报告，使督导部门在总结反思和再评估中提升履职能力和为学校服务的质量；向社会通报，让社会了解、关心、监督和支持学校。

(二)效益性原则

督导评估结果不仅是督导部门为了对学校发展做出事实判断和价值判断相统一的结论，而且是为了用于促进学校改进和发展，用于政府和教育行政部门引领和支持学校自主发展，用于社会关心和参与学校管理。它不仅可作为学校工作、校长绩效考核的重要内容和评选表彰先进单位的重要依据，而且也是学校制订新的发展规划的重要依据。因此，督导评估结果的应用应体现多重效益。

(三)开放性原则

督导评估报告需要通过督导信息网站等途径进行公告公示，让更多的部门与人员，特别是学生、家长了解督导评估结果，以充分发挥督导评估对学校发展的促进作用，也可以让更多的相关群体检验评估结果的准确性与真实性，避免督导评估形式化、表面化。

(四)发展性原则

在督导评估结果反馈以后，督导评估还应就学校今后如何整改、如何发展进行指导，对政府与教育行政部门如何改进与完善决策提出建议。同时，督导部门也需要对督导评估工作自身进行总结、反思和再评估。

第三节　督导和评估中的问题与对策

对学校发展规划进行督导评估的根本目的，在于促进学校的整体发展和办学水平的提高。近年来各地的实践也证明了督导评估尤其是发展性督导评估在促进学校发展中的重要作用。对学校发展规划开展发展性督导评估有利于素质教育的实施、有利于学校的可持续发展、有利于调动学校的办学积极性、有利于督导者和被督导者之间的互动。发展性督导评估的内容主要包括对教育成果的评价、对学校教育增值的评价、对教学业绩的评价和自我评价、对教师的综合性评价等。发展性督导评估的实施包括：制订督导评估方案、制订发展目标、开展过程性评估、学校进行自评估、督导评估和督导复查等环节。①

我国正在逐渐建立和完善对各级各类学校办学的督导评估制度。2012 年 9 月国务院正式颁布了《教育督导条例》，对教育督导适用范围、教育督导的原则、教育督导机构、督学、教育督导实施及其法律责任等方面做了明确规定，构成了完整规范的体系。该条例主要有以下特点。

第一，明确了督导机构是人民政府的机构。教育督导机构在中央是国务院的督导机构，在地方是县以上地方人民政府教育督导机构，这为改变当前大多数教育督导机构只是教育行政部门内设机构的状况提供了法律依据。

第二，明确了督导机构独立行使教育督导职能。教育督导机构在本级人民政府的领导下独立行使职能，强化了教育督导机构和职能的相对独立性，为建立与教育决策、执行相互制约又相互协调的教育行政监督制度提供了法律依据。

第三，扩大了教育督导的范围。过去教育督导的范围主要是基础教育，督导的对象主要是中小学校。而现在明确把各级各类教育纳入

---

① 李金和. 对中小学办学水平发展性督导评估的探索与思考[J]. 教育探索，2011(11):26.

督导范围，督导对象扩展到下级政府及其职能部门、各级各类学校和教育机构，实现了全覆盖。

第四，确立了督学地位。我国实行督学制度，这为进一步建立督学资格制度提供了法律依据，为督学队伍逐步走向专业化发展轨道奠定了基础。

第五，规范了教育督导的类型和程序。把教育督导分为综合督导、专项督导和经常性督导三类，并分别明确了工作重点、确定了严格的程序，有利于保证监督的公开、公正和有效。

第六，强化了监督问责。督导报告应作为被督导单位及其主要负责人进行考核、奖惩的重要依据。这就进一步提升了教育督导的权威性、强制性和有效性。

尽管如此，在根据学校发展规划对学校发展情况进行发展性督导评估时，仍然会产生一些问题。下面我们呈现容易出现的一些问题。

一、督导评估中易出现的问题

(一)督导评估缺乏针对性

对不同学校的督导评估易变成用基础性指标这"一把尺"来衡量，而忽视用发展性指标来评估，或者因为对被评估学校的发展性指标不够了解而流于形式。这样缺乏针对性的评估，既影响了评估的有效性和评估结果的可信度，又不利于调动学校发展的积极性。不同的学校，不同阶段的教育发展水平是不尽相同的，尤其是发展性指标更是反映一个学校的办学特色。因此，对不同学校发展规划的督导评估一定要注意差异性、动态性与发展性。

(二)重材料审阅、轻现场督导

一般在督导评估实施前，督导部门会向被督导单位下达督导方案或督导提纲，并适当提前发出督导通知书。接到通知的学校领导，无疑会腾出人手，甚至命令全校教师停课，有针对性地准备文字材料、应对检查。常常出现的问题是文字材料做得好，忽视实施状况，文字材料的真实性、有效性没有保障，有的学校蒙混过关。若是这样督导就失去了意义，甚至会妨碍正常的教学秩序。

（三）重行政管理督导、轻教育教学督导

在督导过程中，一般督导组主要从学校向督导室递交的书面材料或者是听汇报中了解学校行政管理的方法与手段，较少到实践中核查这些资料和汇报内容的真实性。[①] 这就造成有些学校重行政督导，轻教育教学督导，特别是轻课堂教学督导。

（四）督导评估工作形式化

督导之后的结果公布与展示易流于形式、过于简单，督导评估工作的总结、反思和督导回访工作也容易被忽视。

二、问题的改进或对策

（一）制订切实可行的"一校一标"督导方案

每个学校在制订自己的发展规划时都会形成一个符合自己情况的发展目标。而对这部分的督导评估就集中体现在督导评估的发展性指标中。督导部门应在与学校的会商中或者以学校的自评指标为重要依据，制订出该指标的细则，做到既不随意拔高要求又不随意降低标准，切合学校的发展实际。

除此之外，还应该形成良好的沟通与协调的工作机制。首先，督

---

① 顾启洲．当前县级教育督导中存在的问题及对策[J]．教学与管理，2013(5)：27．

导组内部要加强磋商。调查表、调查题、测试题、座谈题等都要科学编制，特别是要把各三级指标的构成因素进行分解，并确定出各评估要素的权重值。这样可以保证评估组在各学校开展评估时把握评分标准的一致性。其次，督导组成员要与受评学校人员平等交流、相互切磋学习。边评估边指导，针对存在的差距共同研究整改方案，特别是对一些难以确认的问题，评估组要与受评学校进行平等的讨论。①

(二)"定期与不定期"相结合，重视现场督导

学校的发展是持续的，不能只重结果，忽视过程，更不能只重文字材料，而忽视实际情况。百闻不如一见，教育督导部门可由定期督导转向定期与不定期相结合，重视现场查看甚至是暗查暗访，做实教育督导工作，通过听取广大师生甚至家长的意见核查学校上交督导材料的真实性，真正发挥教育督导的作用。②

(三)从"台上到台下"，注重实践性

让学校从"做台账"(即做好明细记录表)中解放出来，让督学与学校更多地关注现时的教育教学实践。③ 当然，督导队伍必须要由专家组成，督导成员要经常深入教育一线研究、指导工作，不断创新工作思路，为教育发展出谋划策。只有这样，才能对教育教学实践给予有益的指导。

(四)加强教育督导的监督力，建立"督导回查"制度

目前，教育督导活动结束之后，一般都是将督导情况公布于网上或发一份检查通报就算完成督导任务，对督导中发现的问题过一段时

---

① 敖淑红.浅谈普通中小学督导评估工作的实施策略[J].教学与管理，2014(2)：19.
② 顾启洲.当前县级教育督导中存在的问题及对策[J].教学与管理，2013(5)：27.
③ 赵世勋.实施发展性督导评估的回顾与构想[J].学校管理与发展，2010(8)：19.

间再次进行督导检查的则不多。这样就不能达到督导检查的最终目的。因此，督导部门应该加大对督导所发现问题的二次督导甚至是三次督导的力度，真正实现教育督导评估促进学校发展与改进的目的。

　　总之，对学校发展规划的督导评估是评估学校发展规划实施情况的重要依据，学校应把接受督导作为促进自身更切实地实行学校发展规划的动力，而不仅仅是应付检查。因此，应尽力避免实际的督导评估过程中易出现的问题，让督导评估工作更加有效、更有价值。

第七章　国际经验与本土实践

第一节　学校发展规划的国际经验与实践

1989 年，由英国科学和教育部资助的学校发展规划项目研究成果，即哈格利夫等人所撰写的《学校发展规划——给地方教育长官、校长和学校教师的建议》出版。1991 年，英国科学和教育部颁布《学校发展规划实践指南》，呼吁全国中小学推广这一方法，以提高学校教育质量。这两个文本的出台，使学校发展规划在英国成为一个全国性的学校管理改革项目。作为"促进学校管理变革——分权式管理"的一种有效策略，学校发展计划迅速被西欧、北美、非洲、亚洲等许多地区的国家所借鉴，大量的实践研究成果出现在丹麦、加拿大、美国、南非、萨尔瓦多、澳大利亚、新西兰、印度以及我国香港地区等。联合国儿童基金会等国际组织也积极推进学校发展规划项目，旨在通过校本管理、社区参与来提高学校的自治能力，提高各国中小学尤其是贫困地区学校的综合办学水平和教育教学质量。

20 世纪 80 年代以来，学校发展规划在西方国家获得了很大的发展。通过考察英、美等西方国家在 20 世纪 70 年代到 90 年代的教育变革历程，可以清楚地看到那一时期的西方发达国家为了提高教育质量、学校效能，大都将变革指向学校和学校管理制度，学校自治、自主发展、校本管理、学校改进运动在英、美等国产生了良好的效果。作为实现分权管理思想的变革策略，学校发展规划在实践中备受重视，被社会各个层面视为学校管理制度是否转型的符号和载体，其逐渐成为学校改进的中心工作。需要指出的是，为促进分权式管理和自主发展的有效性，在制度层面着意改革的另一重要领域是学校督导。

1992 年英国教育标准局的建立和发展性督导评估思想的推进，有力地保证和加速了学校自主发展的进程和校本管理的效果和质量。在学校督导的实际运行过程中，学校发展规划成为督导评估最重要的内容，督导的核心理念"促进每一所学校发展"与自主发展、自我进步、以校为本的管理主旨是一致的，它们共同发生作用，促进学校发展。学校发展规划和学校督导"一体两翼、上下结合、内外结合"，构成了英国学校整体变革的核心运作机制。1994—2001 年期间，英国教育专家派特·布卢德赫德(Pat Broadhead)和派特·库克(Pat Cuckle)先后三次对 505 所、124 所和 765 所英国小学进行问卷调查，发现学校发展规划已成为校长日常工作一个必不可少的管理工具。

学校发展规划在全世界范围内引起关注，越来越多的地方教育管理部门开始尝试这一项目。1997－1998 年，欧洲教育联合会的领头项目就是中学发展规划评估。1992 年，爱尔兰官方《绿皮书》中提出"教育是为了不断变化的世界"，认为规划应由校长在与全体教师讨论、并在董事会同意的基础上进行实施。规划应该明确表述学校的目标，陈述重要问题和有关政策，包括课程、组织、全体教师的进修和发展，以及与学校外部之间的关系等，并规定学校工作报告应该以什么形式呈现。1995年，爱尔兰官方的《白皮书》再次提出，由董事会公布学校规划中的政策和规划的实施结果。教育与科学部长米切尔·马丁（Micher·Martin）撰写了《中学学校发展规划指导》和《中学学校发展规划简介》，作为100所学校进行学校发展规划试验性课题的指导大纲。①

学校发展规划项目始于民间，因为产生了良好的效果，所以最终为政府所采纳并推广，它既有良好的民间基础，又有政府的大力支持。当然，强力推行学校发展规划的直接原因在于这一分权管理方式与提高质量和效能之间的密切关系。英国学者在1988年以前对学校发展规划在提高学校质量和整体发展水平方面，尤其是薄弱学校的改进方面已有研究，但此阶段之后的研究除说明二者之间的相关性以外，大量的研究主题已明显趋于如何提高学校发展规划"做"的质量，研究进入了实施的细节。②

西方发达国家落实并推广学校发展规划项目也存在不太令人满意的地方。其中突出表现在三个方面：③

第一，没有发挥学校共同体成员的应有作用。一个饶有意味的例子是英国科学和教育部、地方教育当局大力推广这一项目，鼓励学校制订学校发展规划，有专家对各个学校制订的规划进行研究，发现有

---

① 王俏华，陈建华. 西方中小学学校发展规划的背景及涵义研究[J]. 上海师范大学学报（基础教育版）. 2006(3)7：129-132.

② Andy Brock. *School Development Plan from an International Perspective* [R]. Cambridge：Cambridge Education. 2004. 3-9.

③ 陈建华. 如何制定学校的发展规划——西方教育发达国家的SDP项目及启示[J]. 全球教育展望. 2004(4)：61-65.

四种类型：一是"言辞华丽却没有实质性内容的规划"，这种规划往往是"外乡人"制订的，校长和学校教师对这种规划没有基本的认同感，甚至于这种规划会拉大教师和校长之间的距离，教师对这种规划既感觉到失望，又无所适从。二是"校长个人的规划"，这种规划往往出自于学校几个主要领导尤其是校长的手笔，校长是认同的，无奈教师不认同、学校共同体其他成员不认同，校长很难实施规划。三是"分工合作的规划"，把规划分成各个部分，由各个部门制订自己的规划，一部分教师和校长对这种规划有认同感，但这部分教师往往局限在中层管理人员和一些资深教师中，另外一些教师没有机会知道规划，更加没有机会参与规划活动。这一规划的弊端在于各个部门的目标可能不一样，整合在一起比较困难，有时候各部门制订的规划像过去的工作计划，离学校发展规划项目要求的规划还有一定的距离。四是"协同的规划"，这种规划由学校共同体所有成员一起讨论制定，尽管各个部门的规划目标存在差异，但是与学校的使命、愿景和育人目标一致，教师对这种规划有高度的认同感，校长容易推进这种规划。无异，这种规划是最理想的规划。但在英国，这种高水准的规划并不多。

第二，规划制订的烦琐化现象。这一现象在西方国家也存在。在我国更是多见。英国有专家提出，学校发展规划项目务必记住 KISS 法则（ Keep it Simple and Simple），即尽量使学校发展规划简单化、可操作。这一点值得我们深思。

第三，评价标准没有到位。如何把对学校发展规划质的评价和量的评价结合在一起，是一个非常复杂的工程，这有待教育理论工作者和教育实践工作者的深入研究。

第二节　学校发展规划在中国的地区化应用

学校发展规划开始引入到区域性大规模实验，都是通过政府与国际组织的合作实现的，其中包括在华的一些国际性非政府组织。比较典型的国际合作项目有：1998 年英国文化委员会与上海市教委合作开展的"以学校发展计划为基础的发展性督导评价项目"，2000—2009年英国国际发展部在甘肃开展的"中英甘肃基础教育项目"和"中英甘肃普及九年义务教育项目"，2006—2011 年英国国际发展部为推广甘肃项目经验在我国西南四省开展的"中英西南基础教育项目"。在2000—2011 年间，同时借鉴中/英甘肃基础教育项目经验或独立推行学校发展规划的，还有联合国儿童基金会、世界银行、欧盟有关机构、国际计划组织、美国利众基金会等组织，除此之外，在 2000—2011 年，还有与联合国儿童基金会、世界银行、欧盟有关机构、国际计划组织、美国利众基全会等国际组织进行合作，尝试开展与推进的学校发展规划项目。

从根本上讲，学校发展规划是一个通过学校管理方式变化去促进学校发展变革的工具体系，经过近十几年的实践，英式学校发展规划在项目创造的"特殊政策"下，已在我国本土形成了为实践者所熟知的内涵、特征、机制和运行模式。虽然推行这一嵌入式的变革策略不可避免地带有浓重的模仿色彩，或者只能称之为"项目式"学校发展规划，但它真实地发生在我们自己的学校环境之中，它取得的经验和出现的问题是"做中学"和"行动研究"的结果。它最有价值的部分是渗透在其中的学校管理理念，注重价值认同、自下而上、全员参与、过程生成、沟通反馈、实证证据、监控评估。这些管理理念渗透于管理目标制定、管理方式选择、管理过程推进以及管理结果的评价等管理全过程，对于学校的实际发展产生了重大影响。

概括起来，主要有以下几点：第一，学校发展自我评估能力得以提升。在这个过程中，学校领导团队通过学习、体验，充分了解项目的工作方式，通过创造性实践，逐步掌握了进行科学有效评估的主要环节和步骤，也形成了一些独特的评估策略。在项目专家的指导和培训下，结合学校的需要，学校教师干部一起讨论学校现状、分析工作的各个环节。由此发现问题、认知发展现状，聚焦学校发展中的优势与不足，科学定位学校未来的发展目标。第二，学校发展规划能力提升。在制订学校发展愿景与规划的过程中，深入分析现状，发现不足、寻找发展着眼点，自下而上地征求学校各个相关群体的意愿，形成共同愿景。学校在三年发展规划的基础上细化目标，制订年度行动计划，对学校发展目标的具体落实制订出可操作的措施。学校主动打开校门，让更多的人来关注学校，利用社会资源。学校经过收集证据、进行 SWOT 分析、商讨成功标准、制订行动计划等，掌握了学校发展规划制订的具体步骤与方法，在实践中形成并提高了学校发展规划的能力。第三，学校整体领导力得以提升。学校领导力是学校可持续发展的原动力。在学校发展规划"人本思想"的影响下，校长以及领导班子采用民主、开放的管理方式，学校通过自下而上的方式倾听各方面的声音，让各层次人员参与到学校发展的决策当中，不断提高学校的管理能力和水平。教师们参与学校管理的热情也得到激发，他们身上表现出来的创造力和积极性，促进了学校的发展。

下面以北京和上海的学校发展规划项目为例，来说明该项目对于学校发展所产生的实际影响。

一、北京海淀区"中英学校发展计划项目"

2005 年初，经北京教育科学研究院、英国剑桥教育集团、北京市海淀区教委三方的研讨协商，正式引进了英国学校发展计划项目（简称"中英项目"）。为期三年的一期项目选取了 12 所中小学开展实践探索，项目强调全员参与、注重自下而上，要求共同确定发展愿景和学校发展目标，强调集体认同。2008 年 10 月，项目组召开主题为"学校管理创新与学校领导力建设"的国际研讨会，引起一定的社会关注。2009 年 1 月，北京市海淀区教委与英国剑桥教育集团签订了"海淀区中英学校发展计划二期项目"，选取了 18 所中小学进行实践，实现项目两个阶段之间的无缝隙衔接。二期项目采取"项目实施与课题研究"并行的双轨推进模式，取得了较为显著的成效。

几年来，一批热爱教育的校长以极大的学习热情参与项目的各项培训活动。伴随项目的推进，他们的各项领导能力得到显著提高。教师们参与学校管理的热情也得到了激发，他们身上表现出来的创造力和影响力，也在影响着学校的领导团队和广大的学生群体，学校领导力建设初见成效。

 案例分享

海淀区红英小学[①]

2009 年，我们红英小学加入北京市海淀区"中英学校发展计划项目"课题，成为课题实验校。在参与课题的过程中，我们每年都接受

---

① 陈淑兰．学校发展计划如何改变一所学校[J]．人民教育．2014(5)：44-45.

来自英国的专家团队的培训指导。英国专家的培训不是讲座，不是概念和理论的描述，而是直接组织我们进行实践操作，体验学校发展计划的制订过程。通过实际操作，让我们明白每一个环节的实施步骤，在实践中感悟这样做的意义和价值。

几年来，我们在做中学，在实践中感悟，具体有以下的理念收获：首先，问题意识更强了。制订学校发展计划，先要进行自我评估，寻找教育教学工作中存在的问题，一切计划和策略都是基于这些问题提出的，以问题的发现为起点、为依据，以问题的解决为目的、为导向，以问题驱动的模式层层推进。

其次，确立了科学的实证思想。在解决问题的过程中，一切策略的提出都要尊重客观规律，尊重学校的实际，要有严格的举证过程。要有充分的背景分析，用证据说话，保证决策和计划的科学性。实施中，重视实证材料的积累。

最后，注重"自下而上"与"自上而下"的结合。在问题收集和共同愿景的梳理中，我们广泛采取自下而上的方式，调动师生、家长和社区人员的参与。同时，对于学校办学的顶层设计，我们基于自己的理念和培养目标，自上而下地建构了动态发展的课程体系。

制订学校发展计划，让我们明确了学校办学的起点、路径和目标；以行动计划的方式来践行学校发展计划，让我们的工作真正走向深入。前者是仰望星空，构筑发展愿景；后者是脚踏实地，去实现教育理想，它让学校的教育教学发展之路走得更加平实、更加从容。

二、北京市"小学规范化建设工程"

为了进一步加强小学教育工作，提高小学教育整体水平，促进义务教育均衡发展，北京市教委决定自 2007 年秋季开始，用 5 年左右的时间实施"小学规范化建设工程"，工程要求各区县教委在调查研究的基础上制订本区域小学发展的五年规划，并在此基础上，指导全区（县）小学制订学校发展规划，促进其发展。下面以府学胡同小学为例，展示项目学校使用 SWOT 分析法完成学校背景情况分析，进而选择适合的发展战略，制订出学校发展规划。

 案例分享

北京市小学学校发展规划个案：府学胡同小学①

府学胡同小学位于北京市东城区府学胡同西口，是一所历史悠久的学校。学校现设机构有教学处、教育处（德育处）、教科研处、资源处。根据 2008 年 1 月的统计，学校有 67 个班，在校生 3203 人，最多的年级有 12 个班，最少的年级有 10 个班，是一所规模比较大的学校。

学校在制订发展规划时，从学校管理人员、教师、学生和学生家长四个评价主体出发，采用问卷调查的形式，采集学校 2006－2007 年度基本数据，旨在通过数据的统计分析了解学校的现状，找出学校发展的优势，分析学校存在的不足，为学校规范化建设提供信息，为决策提供依据，为发展找准起点。

学校采用 SWOT 分析方法对学校发展环境进行了分析：

1. 优势

学校有历史与文化的资源优势。府学在 600 多年的历史发展中有

---

① 拱雪. SWOT 在北京市小学学校发展规划制订中的应用［J］. 基础教育. 2010(3):22-26.

一些相对稳定和长期延续的内在要素，始终被肯定、传承和发扬，被称为"文化基因"：从"古代官学"到"现代学校"始终代表国家意志，遵循教育发展规律；从"师生同习"到"共享成长"的教育核心理念始终关注人的成长；从"崇尚儒学"到"文化府学"始终立足现实坚持办学特色。这说明，学校发展的资源有独特性，有浓厚的文化场。

学校有一些品牌优势。形成了课程与教学、整体的文化品牌。有品牌教师：中高12人，市学科带头人1人，市级骨干5人，区级骨干17人。有学校的品牌课程：数学学科、体育学科。结合学校特色，开展了一系列生动活泼、丰富多彩的教育活动。管理品牌初步形成：管理理念上的系列化；信息化的管理与反馈方式；标准化的管理方式等。

学校发展势头良好。制订学校发展规划的过程凝聚了人心和力量，各方面工作思路逐渐形成；学校有团结、高效、和谐的领导班子，有民主、法制管理的意识和行动，善于学习，工作有思路，各尽其职，形成了相互信任，相互合作的良好氛围；教师工作积极性高，"人气高"，素质好，讲团结，善合作，蕴藏着极大的发展潜力。

学生聪明活泼，接受能力强，可塑性强，个性突出，发展潜力大。家长素质较高，家庭条件相对较好，对学校工作支持的力度大。

所处区域的文化资源优势。东城区域内有丰富的文化资源，文化事业在全市居于领先水平。这些优势对于打造学校的文化品牌无疑有重要作用。

2. 劣势

对学校历史的挖掘，由于时间长远，真实性、资料性及传承性是否符合府学，是否能对历史负责，成为我们的思考与责任。

每个教职员工的潜质及潜能有待进一步开掘和自我提升。

虽然是科研的先进学校，但是科研课题还需增加。更重要的是围绕学校发展、学校教学课题的研究力度需要加强。

学校的环境还需要进一步完善，如楼道窄、教室小、体育场地和大型活动室缺乏、绿化不尽人意、现有设备管理和利用不够科学和规范等。

班容量过大，教师难以对每位学生实施高度关注。

我们将发展（目标）定位为：在教育教学活动中加强文化内涵的渗透，营造良好的发展环境，使师生形成良好的道德素养和学习品质，成为具有中国特色和世界眼光的现代人。

3. 机遇

东城区"十一五"教育事业发展规划中，提出了高标准、高质量实施义务教育的目标，将发挥社会教育资源、实施办学条件标准化建设、实施课程改革、建立学校教育质量评估制度、发展校外教育、加强干部教师队伍建设、全面实施学区化管理等方面作为重点工作进行了具体设计，这些都为学校发展带来了机遇。

目前有多方面新的资源，可以带来新的发展：一是高校的资源，与北京大学人才研究中心以及北京教育学院的合作，能够促进学校文化和学校品牌的进一步提升；二是区域的教育资源，东城区实现学区化管理，府学小学在"安定门交道口学区"虽然更多的是提供资源，但也能够从其他学校获得资源；三是校长加入北京市名校长工作室，能够获得工作室其他成员的支持，也有利于从全市层面思考问题，提升学校的办学水平，学校参与"学校品牌研究"课题等项目，也为学校品牌打造提供了机遇；四是府学教育联合体的启动为我校在探索家长、社区、共建单位等社会资源与学校的共同发展方面提供了平台。

4. 威胁

课程改革、基础教育改革在教育观点、方法等方面的新要求，对学校的课程内容、教学质量、办学条件、教师素质、学校文化、管理方式等方面提出了新的挑战。

学生的挑战：第一，学生是独生子女，备受关爱，承受挫折的能力和心理素质比较差；第二，学生处于成长时期，各方面素质特别是社会发展所需要的独立思考能力、创新意识和实践能力还需要加强培养。

区域发展压力的挑战：东城区小学享受优质教育资源学生的比率由41.3%升至81.8%。区"十一五"规划要求到2010年将中小学生享用优质资源的比例扩大到95%。这就意味着下一步的竞争升格为优质学校之间的竞争，而不再是优质学校与普通学校之间的竞争。而优质学校的竞争，必定是在内涵发展、特色发展上的竞争。

体制变化带来的挑战：学校办学体制由国有民办转为公办，办学经费由国家统一拨付，这一方面解决了办学过程中经费方面的压力；但另一方面也可能会出现经费相对不足的问题。

综上分析，府学优势大于劣势，机遇大于威胁，是一所开拓型的学校。从学校品牌发展阶段来看，学校处于成熟时期，但仍需进一步发展。下一步的发展思路应该是促进学校品牌成熟化，结合府学独特的传统文化资源优势，将"建设具有优质教育文化体系的府学教育"作为战略目标。府学教育是指府学胡同小学办学思想及行为准则系统的总称，优质教育文化体系的具体内容包括：学校文化重在思想，行为管理重在习惯，教育教学重在特色，队伍建设重在科研，信息化重在流程，社会资源重在整合。

府学小学通过学校管理人员、教师、学生和学生家长四个评价主体的问卷调查，明确了学校发展的基础，找准了学校的定位，从而厘清了学校的发展思路。从府学小学发展规划的制订过程来看，这不单单是一个找到学校发展方向的过程，还是一个强化学校管理、拓展学校形象、激励教职工和外部人员趋向学校进步的过程。

三、上海市"学校发展规划项目"

在制订学校发展规划、分析校情的过程中，项目校在专家团队的直接参与指导下，第一次与 SWOT 方法有了零距离的接触。利用 SWOT 分析方法，通过归纳、对比和概括等手段，对学校状况进行了系统分析，不仅使学校的优势更趋于显性，而且还使原本客观存在的劣势或威胁得到有效的减少，或规避。它对把脉学校教育的发展动态，及时应对各种机遇和挑战，正确定位学校的发展方向提供了有力的分析和依据。

下面以上海交通大学附属实验小学为例加以分析说明。

 案例分享

上海交通大学附属实验小学案例①

1. 优势

一是知名大学附属实验学校的品牌优势。上海交通大学是附小的金字招牌。作为品牌大学的附属实验小学，附小可以依托上海交通大

---

① 倪梅．学校发展规划中的校情分析——以上海交通大学附属实验小学为例[J]．基础教育参考．2013(12)：7-9．

学先进的教育理念、浓厚的历史文化底蕴以及丰富的人力资源、人文资源谋划学校发展的新篇章。

二是年轻化的队伍及科研兴校的强烈意识。附小成立初期，教师平均年龄在 30 多岁，学历层次普遍较高，具有良好的职业意识及充沛的精力，为学校特色创建和持续发展奠定了坚实的基础。此外，学校始终把教育科研当作学校发展的助推器，让教育科研为"新基础教育改革"和"二期课改"服务。基于这样一个背景，学校依托规划专家的引领，请他们把脉会诊，寻找症结，开出良方，提高教师的教科研能力，加快学校的发展速度。

三是人口导入区的区位和生源优势。学校与上海交通大学、华东师范大学、紫竹科学园区比邻，学生家庭经济状况普遍良好，文化层次普遍较高，父母不仅愿意也有能力对孩子进行智力投资，还非常注重孩子业余兴趣的培养。同时，学校作为中福会少年宫上海市小伙伴艺术团上海交通大学附属实验小学培训基地、上海市体操运动训练中心少儿训练基地，也吸引了部分本学区外的特长学生慕名来校借读，为学校特色创建提供了一定条件。

2. 劣势

一是学校建校历史短，缺少名师和骨干教师。附小由于学校建校历史短暂，教师队伍年轻化，教师的知名度和教师在区域内的影响力不足。学校缺乏名师和骨干教师。如何尽快培养在区域内有一定影响力的名师和骨干教师，如何协调学校硬实力和软实力的同步发展，是学校亟待解决的重点问题。

二是学校条线工作发展的均衡性有待加强。学校条线工作发展不均衡，学校对德育、少先队、教学、科研等部门的工作非常重视，改革力度十足。相比较而言，作为支持和配合系统的信息技术和后勤部门，在人力和设备的投入方面还处于逐渐完善阶段，信息技术对学校办学的支持效能尚未完全发挥出来，学校的后勤工作也需要进一步优化和改革。

3. 机遇

一是属地化后的政策支持和资源支持，为学校进一步发展提供了保障。随着教育局对学校硬件建设的支持力度逐年增大，学校设备不断齐全并得到优化。一流的专业体操训练馆，设施齐备的形体舞蹈教室、音乐教室等，都为附小有效推进优先发展项目提供了很好的物质条件。

二是体育俱乐部、小伙伴艺术团基地的奠基、多区联动关系的建立，为创建特色课程提供了有力保障。

4. 挑战

一是学校周边历史名校较多，提升了办学和工作压力。学校地处上海市老闵行地区，有多所历史名校，近年来又有一批学校成长为后起之秀，这些学校积累了丰富的办学经验，还有一大批经验丰富的名师支撑，在学校管理、教育教学方面可以说是得心应手。附小师资队伍和学校都较为年轻，又地处名校周边，这些客观因素在无形中催化了学校与学校之间的竞争，给附小的管理工作和教师的教育教学工作带来了巨大压力。

二是招生渠道丰富，家长背景不同，需求多样，学校面临严峻挑战。学校生源来源的多元性，决定学生家长素质、文化层次、家庭背景等落差较大，进而对学校管理，各类教育教学活动的实施提出了更高的要求和希望。如何尽可能满足各类家长的教育需求，这对我们来说是一个严峻挑战。

上述四个维度的校情分析表明，年轻的上海交通大学附属实验小学的发展劣势虽然客观存在，需要我们予以正视并积极应对。但我们也发现了更多的发展优势，这些优势不仅明显，而且独特，具有不可复制性。我们将这些看似散状的优势进行有机串联，为我们规划学校未来发展、确立特色项目提供了前期的科学依据和条件基础。以后几年的办学实践和办学成效，以及所产生的良好的社会影响将充分证明校情分析在学校发展规划中的地位和价值。

四、结语

目前，学校发展规划的开展状况大致有三种类型。[①]第一类：项目结束后，学校发展计划作为项目活动结束；第二类：校长个人对学校发展规划的认同水平较高，积极推行，但未得到教育局、督导室的支持，由于校长的坚持与自上而下的统一评估之间产生的矛盾难以化解，这类学校在坚持一段时间后则放弃了制订学校发展规划；第三类：学校发展规划继续得到实施，而且趋于成为学校的常规管理手段，个体支持学校的共同愿景，个人发展与学校发展融为一体，自主发展成为学校文化的组成部分。影响此类学校继续实施的因素，主要是校长对学校发展规划的认同，但更主要的是整个实施系统对规划的支持，比如来自教育局、督导部门的支持等。

以上海、北京为例，它们是最早借助国际合作项目实施学校发展规划的城市，目前项目学校发展规划实施和开展的具体情况属于第三

---

① 陶剑灵. 英式学校发展规划在我国的实践与反思[J]. 当代教育与文化，2012 年 (7)49-54.

类的较多。项目结束后，学校发展规划在项目学校继续实施并得以向其他学校推广，其中重要的原因是学校得到教育局和督导室的支持。同时，就我们对实施学校发展规划项目的其他地区，如云南、贵州、四川、广西、甘肃等地多所项目学校的调查了解，也验证了项目后学校发展规划得以继续实施与地方教育行政部门的支持有着最密切的关系。可见，现有的学校管理体制，以及自上而下的政府管理模式已成为影响我国学校发展规划是否能继续实施的主要因素。简而言之，学校发展规划虽然是"发生"在学校层面的变革策略，但实践证明：无论学校如何严格地执行了实施流程，都只能取得部分效果。作为工具的学校发展规划可以在一定条件下通过规范学校管理发生作用，但无助于生成能够使其长期存活的学校文化和持久力，学校发展规划的有效实施需要系统、整体的支持和变革，尤其是自上而下管理制度、相关机构的及时、有效回应。

附　录

学校发展计划文本

（20＿＿＿—20＿＿＿学年）

学校名称：＿＿＿＿市＿＿＿＿县(区)＿＿＿＿＿＿＿＿学校

学校代码：＿＿＿＿＿＿＿＿＿＿＿＿＿＿＿

学校类型：＿＿＿＿＿＿＿＿＿＿＿＿＿＿＿

校长姓名：＿＿＿＿＿＿＿＿＿＿＿＿＿＿＿

目　录

学校发展管理委员会组成人员名单

职务	姓名	性别	民族	年龄	文化程度	职业	联系电话
主任							
副主任							
成员							

注："职业"一栏是指校长、教师、学生、社区干部等目前常用身份。

第一部分　社区概况及变化

社区概况：
发生的变化：

注："发生的变化"一栏应着重突出本年度与上一年相比社区发生的主要变化。

第二部分 学校概况

注：本栏应概要描述学校、学生、教师的基本情况，同时反映上学年学校的主要变化。

第三部分 现状分析/学校发展的自我评估

自评等级：A(　　　) B(　　　) C(　　　) D(　　　)

　　注：应根据"学校发展水平自我监测评估指标"对过去三年学校发展计划中各目标的实现情况进行自我评估和等级划分。

第四部分　学校未来三(五)年发展愿景

注：吸纳学校师生员工和社区各方面提出的意见和建议，明确未来三(五)年发展愿景，描述应精练。

第五部分　学校发展的主要目标与具体活动

问题1：

解决该问题的主要目标：

具体活动	开始/结束时间	负责人	所需资源（资金/人力等）	实施情况记载	
				进展情况	记录人及时间

　　注："问题解决的主要目标"必须遵循SMART原则(具体的、可量化的、可行的、现实的和有时间限制的)。同时，可根据实际实施情况进行调整，可增加新目标、修改原来目标、将增加或修改的部分附页在各类别问题目录下。

第六部分　学校发展规划的监测与评估

时　间	监测评估情况记录	监测者	
		姓名	职务

　　注：监测与评估采取学校自评和外部评估。本表主要由校长、学区校长(主任、区长)以及教育局有关人员填写。"监测评估情况记录"一栏应根据第五部分的目标与活动的进展情况填写并有监测者签名。除教育局有关人员监测评估记录外，校长至少每两个月组织进行一次监测评估记录。

第七部分 学校月/周历表

月/周次	时段	活动内容	负责人	完成情况	备注

　　注：月/周历表中所列工作内容应与第五部分的具体活动有对应关系；如果假期间有活动亦可列在表中；本表中"备注"一栏主要说明未完成或影响完成的主要缘由。活动内容一栏应留空1～2行供实施过程中填写教育局安排的临时工作，此外，在文本实施过程中，可根据实施情况对将要开展的活动进行适当调整。

第八部分 校长工作计划表 (第 学期)

姓名		年龄	性别	民族	职称

自我工作现状分析:

目标	活动	时间	完成情况	备注

第九部分　年级/学科工作计划表

年级/学科	时段	活动内容	负责人	完成情况	备注

第十部分 教师工作计划表(第 学期)

姓名	年龄	性别	民族	所教年级/学科	
自我工作现状分析:					

目标	活动	时间	完成情况	备注

注:此表需分 2 学期填写完一个学年;以上提供的是样表,请根据教师数的多少另行复印,要求每位教师填写,填写后单独装订成册。

附件 1：学校服务半径内学龄儿童"三率"统计表

20__至20__学年	入学率（%）					辍学率（%）					完成率（%）				
	总数	男生		女生		总数	男生		女生		总数	男生		女生	
		计	少数民族	计	少数民族		计	少数民族	计	少数民族		计	少数民族	计	少数民族

附件 2：学校师生基本情况统计表

学生基本情况（单位：人）

	男生	女生	学前班	小学	初中	残障	总计
学生总数							
其中住校							
少数民族							

教职工基本情况（单位：人）

	男	女	30岁以下	31～45岁	46岁以上	合计
少数民族						
总数						

附件3：学校设施设备及使用情况

项　目 ＼ 内　容	数量	能否正常使用（是或否）	使用情况	备注
学校占地面积(m²)				
校舍建筑面积(m²)				
校舍危房面积(m²)				
普通教室(m²)				
多媒体教室(m²)				
实验室(m²)				
图书室(m²)				
微机室(m²)				
语音室(m²)				
寄宿学生住宿用房(m²)				
食堂(m²)				
教师办公用房(m²)				
专用展室或展板(m²)				
教师宿舍面积(m²)				
其他用房(m²)				
体育运动场(馆)面积(m²)				
计算机(台)				
校园网络(有或无)				
远程教学设备(有或无)				
体育器材(有或无)				
音乐器材(有或无)				
美术器材(有或无)				
理科实验仪器(有或无)				
图书藏量(册)				
电子图书藏量(片)				
教学挂图(幅)				
教学设备实际价值(元)				
图书、资料价值(元)				

注："体育运动场(馆)面积"包括操场、跑道、器械场地、球类场地及室内场(馆)；此表按上学年的使用情况进行统计。

附件4：学校财务收支情况统计表

学期	资 金 来 源					
	总计	义务教育保障经费	寄宿生补助金	捐资	项目学生资助金	其他
第一学期						
第二学期						
学年总计						
百分比						

学期	支 出 项 目									结余
	总计	水电费	购置教学设备	校舍维修	校园绿化	贫困生助学金	教学研究费用	教师培训费用	其他	
第一学期										
第二学期										
学年总计										
百分比										

注：此页表格根据本学年学校发展计划实施情况进行实时记录归总。

附件 5：学校发展管理委员会会议记录

时间：　　　　　　　　　　地点：

主题：
到会人员签名：
会议主要内容：
会议达成的一致意见：
会议记录人：

注：学校发展管理委员会每两个月至少要召开一次会议，原则要求每次每位成员到会。此表可复印，每次会议记录完成后附在文本后。

后　记

　　长期以来，学校发展规划被认为是一种静态的学校发展蓝图，是由学校校长、有关专家等所进行的学校发展顶层设计，虽然规划文本也经过了教代会的讨论，但其制订与实施过程却与学校的师生员工、社区人士、家长等学校相关利益群体基本上没有太大的关系。造成上述问题的原因，主要是以往的上级主管部门对学校资源的分配和使用拥有绝对的权力，学校发展和工作安排都是上级部门说了算，校长、教师和社区等没有参与决策的机会。如此状况，不仅造成学校管理者对学校发展、资源利用不承担什么责任，而且造成学校发展的自主性、主动性缺失，限制了学校的未来发展。

　　同样的情况，也出现在欧洲各国。为了改变这种状况，20 世纪六七十年代，英国政府进行了大规模的教育改革，其主要手段之一就是采用学校发展规划，并通过颁布《教育改革法案》要求每所学校均需制订和实施学校发展规划，还要求地方教育局向所辖学校下放资金，提供信息，赋予学校更大的自主管理权。这一做法于 20 世纪 80 年代逐渐进入我国，当时有代表性的实验有：上海市教委与英国文化委员会合作，在一些中小学开展的"学校发展规划"实验；由英国政府国际发展部援助，在甘肃、宁夏的4个县670余所学校进行的学校发展规划实验；联合国儿童基金会与中国教育部合作进行的学校发展规划(SDP)项目，等等。从试点的情况看，学校发展规划项目深受欢迎，普遍被认为改进了学校的管理方式、提升了校长的治校理念、加强了学校与社区的联系，是一种有效提升学校教育教学质量的重要手段，尤其是在促进教师专业成长、薄弱学校改造、学校特色创建等方面的作用更为显著。

应当承认，学校发展规划是一种学校管理理念的更新，尽管它具有必不可少的国家或政府意志，但同时它也倡导学校内在发展，关注学校以及相关人员的发展意识与能力，重视学校教职员工以及其所在社区人员的真正参与。它所强调的是，如果发展是为了实现学校教职员工及其所在社区人员的共同愿望，那么，它就不可能模仿任何一个外部的模式，必须采取上述全体人员所自主选择的目标、内容和方法。同时，学校发展还是一种自主的过程，尽管外在的帮助是必要的，但这种帮助不能演变为对学校人员思想、能力以及积极性等的压抑或控制，唤醒学校教职员工、社区人员的自主性以及相应的意识、责任和创造力等，才是实现学校发展的关键因素。由此，通过多方参与、群策群力，不断改进学校的硬件和软件，改善学校的管理、教学和科研，并在长期、持续、自觉的行动过程中，调动校内外各种积极因素，努力将学校的愿景一步步转化为现实。

本人参与联合国儿童基金会与中国教育部合作的学校发展规划(SDP)项目至今已有12个年头。回想这一经历，深感学校发展规划的价值与意义，特别是其坚守的"尊重儿童权利"、在学校管理中重视

"学生视角"的倡议。因为，长期以来我们习惯于从成人的视角认识世界、看待教育，习惯于在学校管理中按照成人的思维方式来安排、实施教育教学活动，儿童的兴趣、个性、探究精神等常常被忽视。记得几年前在贵州盘县组织联合国儿童基金会"学校发展规划（SDP）项目"的培训时，我们从一所九年一贯制学校找来了十多位四五年级的小学生，让他们给自己的学校画一张"学校不安全地图"，然后再说一说学校哪些地方安全、哪些地方不安全、为什么。这些孩子们说："学校大门口不安全，外面路上有很多汽车，搞不好就会被撞上！""什么时候学校再组织我们去春游，那多有意义啊！""学校的主席台虽然有台阶，但只有一面。总有同学喜欢直接从上面跳下来或不小心摔下来。如果装一个滑梯就好了。""我们班的老师上课，总是皱着眉头、没有表情、不高兴，我们挺怕他的。""上学的路上，经常有高年级的同学向我要钱，我们都被劫过。""学校厕所的灯不够亮，我们上厕所有点害怕。""课桌的角如果做成圆形的，就会更安全一些。""学校的单杠、双杠螺丝都松了，我们不敢去玩。"等等。学生们站在儿童角度说的每一句话，都使我们感叹、震撼，引起我们深深的思考。当时，一位参与培训的小学校长说："从来没想到学生会这样看问题，他们给我上了难忘的一课！"

可见，注重"内在发展""管理改善""自下而上""广泛参与"，特别是关注"学生视角"的学校发展规划，具有重要的价值与意义。基于此，我们编写了这部书稿，期待能够从国内外相关研究、实践中有所感悟，有所思考，并使我们的学校真正成为关注学生健康成长，发展他们的兴趣，提升他们的认知水平，尊重他们的权利和尊严，使他们的禀赋、个性、潜能等都得到充分发挥和展现的精神家园。

本书共分为七章，具体分工如下：

第一章、第二章：王莉方、楚江亭；第三章：潘安琪；第四章、第七章：姜男；第五章：郑策；第六章：姜绵茹。姜男和王莉方进行了书稿框架的设计和汇总，并对书稿分别做了一审和二审；我负责了全书的体例编撰、通稿，以及最后的修改、审阅与校订工作。

感谢各位作者对编写工作给予的大力支持，感谢北京师范大学出版社的倪华老师为本书贡献的智慧与力量。

尽管编写人员做出了很大的努力，但由于多种原因还存在不少遗憾。敬请各位读者批评指正、不吝赐教！

楚江亭

2015 年 8 月 2 日

于北师大英东楼